Arbeitsblätter
Praktische Philosophie/Ethik

Sich selbst begreifen
Die Frage nach dem Selbst

18 Arbeitsblätter
mit Kommentaren

Sekundarstufe I

Richard Breun

Ernst Klett Schulbuchverlag Leipzig
Leipzig Stuttgart Düsseldorf

1. Auflage   1 ⁵ ⁴ ³ ² ¹ | 2009 2008 2007 2006 2005

Alle Drucke dieser Auflage sind unverändert und können im Unterricht nebeneinander verwendet werden. Die letzten Zahlen bezeichnen jeweils die Auflage und das Jahr des Druckes.

Die Erlaubnis zum Kopieren der Arbeitsblätter im Klassensatz ist im Kaufpreis inbegriffen.

Das Werk und seine Teile sind urheberrechtlich geschützt. Jede Nutzung in anderen als den gesetzlich zugelassenen Fällen bedarf der vorherigen schriftlichen Einwilligung des Verlages. Hinweis zu § 52a UrhG: Weder das Werk noch seine Teile dürfen ohne eine solche Einwilligung eingescannt und in ein Netzwerk eingestellt werden. Dies gilt auch für Intranets von Schulen und sonstigen Bildungseinrichtungen.

Fotomechanische Wiedergabe nur mit Genehmigung des Verlages.
© Ernst Klett Schulbuchverlag Leipzig GmbH, Leipzig 2005.
Alle Rechte vorbehalten.
Internetadresse: www.klett.de

Redaktion: Jeannette Klinger, Leipzig

Reproduktion: Meyle + Müller, Medien-Management, Pforzheim
Satz: Christopher Kunz, Kommunikationsdesign, Leipzig
Druck: Druckhaus Götz GmbH, Ludwigsburg

Printed in Germany

ISBN 3-12-926802-2

Inhalt

I Identität

A 1 Auf der Suche nach dem Ich 5

A 2 Was bleibt gleich im Wandel? 9

A 3 Der Begriff „Identität" 13

II Freiheit und Unfreiheit

A 4 Was ist Freiheit? 17

A 5 Erfahrungen der Beeinflussung und Fremdbestimmung 20

A 6 Der große Streit in Philosophie und Wissenschaft 24

A 7 Freiheit in der Lebenspraxis 30

III Gefühl und Verstand

A 8 Das Spektrum der Gefühle 34

A 9 Verstand kommt von Verstehen 38

A 10 Der Zusammenhang von Denken und Fühlen 42

A 11 Nachdenken über das Denken 45

IV Leib und Seele

A 12 Der Mensch und sein Körper 48

A 13 Der Zusammenhang von Leib und Seele 51

A 14 Der Körper als Mittel von Ausdruck und Darstellung 54

A 15 Leib und Seele: der Dualismus und seine Überwindung 57

V Weiblich, männlich und noch mehr

A 16 Mann und Frau: Rollenbilder und Klischees 62

A 17 Geschlechterrollen werden gelernt 68

A 18 Geschlechterverhältnis in einer anderen Kultur 72

Kommentar 74

Bildquellenverzeichnis 88

Auf der Suche nach dem Ich A1

M1 Gedichte

Ich (Hans Manz)

Ich: Träumerisch, träge,
schlafmützig, faul.

Und **ich:** Ruhelos, neugierig,
hellwach, betriebsam.

Und **ich:** Kleingläubig, feige,
zweiflerisch, hasenherzig.

Und **ich:** Unverblümt, frech,
tapfer, gar mutig.

Und **ich:** Mitfühlend, zärtlich,
hilfsbereit, beschützend.

Und **ich:** Launisch, gleichgültig,
einsilbig, eigenbrötlerisch. –

Erst wir alle zusammen sind **ich**.

Hans-Joachim Gelberg (Hg.), Was für ein Glück. 9. Jahrbuch der Kinderliteratur, Beltz & Gelberg, Weinheim, Basel 1993, S. 216.

Ich (Manfred Mai)

Heute haben mich meine Eltern
neu eingekleidet.
Neues Hemd.
Neuer Pulli.
Neue Jacke.
Neue Hose.
Neue Schuhe.

Meine Mutter
und die Verkäuferinnen
haben immer gesagt,
alles passe gut zusammen –
und zu mir.
Aber,
wenn ich die neuen Sachen trage,
ist mir ganz komisch.
Ich weiß gar nicht mehr,
ob ich noch ich bin.

Hans-Joachim Gelberg (Hg.), Überall und neben dir. Gedichte für Kinder, Beltz & Gelberg, Weinheim, Basel 1989, S. 88.

Manchmal (Claudia Höly)

manchmal
kriech ich
in mich hinein
und bin
ganz klein

doch irgendwann
komm ich
wieder raus
und wachse
über mich
hinaus

Hans-Joachim Gelberg (Hg.), Was für ein Glück. 9. Jahrbuch der Kinderliteratur, Beltz & Gelberg, Weinheim, Basel 1993, S. 222.

Zufall (Martin Auer)

Wenn statt mir jemand anderer
auf die Welt gekommen wär'.
Vielleicht meine Schwester
oder mein Bruder
oder irgendein fremdes blödes Luder –
wie wär' die Welt dann,
ohne mich?
Und wo wäre denn dann ich?
Und würd' mich irgendwer vermissen?
Es tät ja keiner von mir wissen.
Statt mir wäre hier ein ganz anderes Kind,
würde bei meinen Eltern leben
und hätte mein ganzes Spielzeug im Spind.
Ja, sie hätten ihm sogar
meinen Namen gegeben!

Hans-Joachim Gelberg (Hg.), Überall und neben dir. Gedichte für Kinder, Beltz & Gelberg, Weinheim, Basel 1989, S. 64.

▶ **Aufträge**
1. Alle Gedichte handeln vom Ich. Dazu thematisieren sie jeweils eine Frage. Welche Fragen sind das?
2. Formuliere jede der Fragen so, dass sich in der Gruppe darüber sprechen lässt. Vielleicht wird dadurch auch eine Antwort möglich.
3. Sammelt alle Fragen, die in der Gruppe formuliert worden sind, und wählt nun diejenigen aus, die das jeweilige Thema am besten auf den Punkt bringen.
4. Wähle eines der Gedichte aus und schreibe selbst ein kleines Gedicht in ähnlicher Form.

A 1 Auf der Suche nach dem Ich

M 2 Das Ich und seine Teile

In Matthew Lipmans Buch „Pixie" mit philosophischen Geschichten geht es darum, dass sich jedes Kind der Klasse ein Tier ausdenkt, das es wie ein geheimnisvolles Wesen beschreibt, um es dann von den anderen erraten zu lassen. So auch die Titelheldin Pixie, die selbst erzählt:

Später an diesem Nachmittag, als ich an meinem Arbeitstisch saß, begann ich wieder über mein geheimnisvolles Wesen nachzudenken. Isabel sagte, ich schaue, als ob ich mit offenen Augen träumen würde.
Immerhin, mein Kinn lag auf meiner Hand, und mein Ellbogen war auf dem Schreib-
5 tisch.
Ich weiß nicht, wie lange ich so dagesessen bin, aber es muss eine lange Zeit gewesen sein. Plötzlich erinnerte ich mich, dass ich in der Klasse war. Und dann bemerkte ich etwas Komisches.
Weißt du was?
Mein Arm war eingeschlafen.
10 Ich kann es noch immer nicht ganz verstehen. Wenn alles von mir wach war, wie konnte ein Teil von mir schlafen?
Er war eingeschlafen, und ich konnte ihn nicht gebrauchen. Er hing gewissermaßen von der Schulter herab. Ich konnte ihn nicht mehr fühlen, nur ab und zu spürte ich ein Kribbeln.
15 Hast *du* es jemals erlebt, dass *dein* Arm eingeschlafen ist? Ist das nicht merkwürdig? Es ist so, als ob er nicht zu dir gehört! Wie kann ein Teil von dir nicht zu dir gehören? Alles von dir gehört zu dir!
Aber siehst du, genau das ist es, was mich so verwirrt. Entweder ist mein Körper und ich ein und dasselbe, oder sie sind nicht dasselbe.
20 Wenn mein Körper und ich dasselbe sind, dann kann *er* nicht *mir* gehören.
Und wenn mein Körper und ich verschieden voneinander sind, wer bin *ich* dann eigentlich?
Es scheint so, als ob *ich* diejenige bin, die irgendeine Art geheimnisvolles Wesen ist!
Als ich nachher mit Isabel darüber sprach, sagte sie: „Pixie, du machst dir zu viele Sor-
25 gen. Schau, da gibt es wirklich kein Problem. Dein Körper gehört zu dir und du gehörst zu deinem Körper."
„Sicher", sagte ich, „aber gehöre ich zu meinem Körper *auf dieselbe Weise*, wie mein Körper zu mir gehört?"

Matthew Lipman, Pixie, Hölder-Pichler-Tempsky, Wien 1986, S. 9 f.

▶ Aufträge
1. Versuche, Pixies Fragen zu beantworten.
2. Sind die Fragen überhaupt berechtigte Fragen? Wann und wodurch können sie zu einem echten Problem werden?
3. Welche Möglichkeiten gibt es, mit seinem Körper umzugehen? (Denke an Tanzen, Sport, Körper pflegen oder vernachlässigen usw.)
4. Hast du deinen Körper immer unter Kontrolle, oder macht er sich bzw. machen sich Teile von ihm auch mal „selbstständig"? Denke dir Beispiele aus.
5. Versuche nun zu beschreiben, welches Verhältnis du zu deinem Körper hast. Unterscheide dabei auch die Körperteile.

M 3

Sage, ob das folgende Teil von dir ist oder nicht:

1. deine Füße
2. deine Ohren
3. dein Atem
4. dein Haar (vor dem Schneiden)
5. dein Haar (nach dem Schneiden)
6. dein Speichel
7. deine Gedanken
8. deine Gefühle
9. deine Erinnerungen
10. deine Eltern
11. deine Kleider
12. deine Zeichnungen
13. deine Welt
14. was du geschrieben hast
15. was du sagst

Was macht dich aus? – Wärst du noch immer „du selbst", wenn …

1. du einen anderen Namen hättest?
2. du ein anderes Gesicht hättest?
3. du einen anderen Körper hättest?
4. du ein anderes Bewusstsein hättest?
5. du andere Fingerabdrücke hättest?
6. du andere Eltern hättest?
7. du andere Großeltern hättest?
8. du in China geboren und aufgewachsen wärst?
9. jeder auf der Welt glauben würde, dass du jemand anderer bist?

beide: Matthew Lipman, Handbuch zu Pixie, Hölder-Pichler-Tempsky, Wien 1986, S. 18.

▶ **Aufträge**
1. Bearbeite die beiden Aufgabenreihen. Besprecht dann eure Lösungen in der Gruppe.
2. Beantworte am Ende die Frage: Was also gehört notwendig zu dir (zu deinem „Wesen"), was nicht (was ist unwichtiges Beiwerk)?

A 1 Auf der Suche nach dem Ich

M 4 Der Proustsche Fragebogen

Ihre Lieblingstugend ....

Ihre Lieblingseigenschaft bei Männern ....

Ihre Lieblingseigenschaft bei Frauen ....

Ihre Lieblingsbeschäftigung ....

Ihre Haupteigenschaften ....

Ihre Idee vom Glück ....

Ihre Idee vom Unglück ....

Ihre Lieblingsfarbe und -blume ....

Wenn nicht Sie selbst, wer möchten Sie sein? ....

Wo möchten Sie gerne leben? ....

Ihre Lieblingsautoren ....

Ihre Lieblingsdichter ....

Ihre Lieblingsmaler und -komponisten ....

Ihre Lieblingshelden im realen Leben ....

Ihre Lieblingsheldinnen im realen Leben ....

Ihre fiktiven Lieblingshelden ....

Ihre fiktiven Lieblingsheldinnen ....

Ihr Lieblingsessen und -trinken ....

Ihre Lieblingsnamen ....

Ihre größte Abneigung ....

Welche historischen Personen lehnen Sie am meisten ab? ....

Welches ist Ihr gegenwärtiger Gemütszustand? ....

Welchen Fehler können Sie am ehesten tolerieren? ....

Ihr Lieblingsmotto ....

▶ Aufträge
1. Schreibe deine Antworten auf. Stelle selbst Fragen, die dich interessieren und die du als Fragebogen anderen vorlegen kannst.
2. Welche Tendenzen lassen sich in den Antworten feststellen, wenn man sie vergleicht?
3. Welche Antworten gehören zu deinem Selbstbild? Welche Antworten sind dafür nicht so wichtig? Begründe deine Auswahl.

Was bleibt gleich im Wandel? A 2

M 1 Das alte Schiff

Am Abendbrottisch wurde Fred von seiner Familie aufgefordert zu erzählen, was er und Angus im Hafen von Leith gesehen hätten. Er war noch sehr aufgeregt, aber nicht zu aufgeregt, um ihnen von den hohen Masten, der endlosen Takelage, den gemütlichen Kabinen, den winzigen Mannschaftskojen und natürlich vom Doppeldeckerbus zu erzählen, wo die Bordkarten verkauft werden.

„Es ist ein herrliches Schiff", erklärte Fred. „Alles leuchtet in Weiß. Es ist ein Schiff wie in einem Film. Tatsächlich wurde es beim Drehen von Seeräuberfilmen eingesetzt."

„Wie alt ist das Schiff, sagtest du?" fragte Freds Vater.

„Ich glaube, der Führer sagte, es wurde ungefähr um 1840 oder so gebaut", erwiderte Fred, „aber es sank nur ein paar Jahre später in einer großen Schlacht. Viele Jahre lag es auf dem Meeresboden. Dann wurde es vor etwa zwei Jahren geborgen, vom Meeresboden gehoben. Es ist jetzt das älteste Segelschiff auf dem Wasser."

„Wirklich!" warf Freds Mutter ein. „Dann muss es ein ziemliches Wrack sein."

„Oh, nein!" versicherte ihr Fred, „überhaupt nicht. Der Führer erzählte uns, dass, als sie es hoben ... ach nein, als sie sie hoben ..." – Fred erinnerte sich plötzlich, dass Schiffe als weiblich gelten –, „das Deck größtenteils vermodert war. Deshalb erneuerte man es weitgehend, Planke für Planke. Dann stellte man fest, dass auch einige der Streben morsch waren, und so wurden auch diese ausgetauscht. Schließlich machte man sich Sorgen über die Flanken, weißt du, die Außenseite vom Rumpf. Man erneuerte schließlich auch einen großen Teil davon, eine Planke nach der anderen. Jetzt sind fast alle Planken auf dem Schiff neu und sehr glatt und solide und schön gestrichen. Es ist ein wunderschönes Schiff."

„Dann kann es nicht das älteste Segelschiff auf dem Wasser sein", höhnte Alice, gegen die Regel verstoßend, dass man von einem Schiff als von „ihr" spricht. „Es kann nicht sein, wenn fast alle Planken neu sind. Dann ist es ein neues Schiff. Es ist vielleicht der Nachbau eines alten Schiffes, aber es handelt sich um ein neues Schiff." Fred war niedergeschmettert. Er hatte sich die Schlachten vorgestellt, in denen die *Maria Magdalena* gekämpft hatte. Er hätte gern gewusst, was das für Seeleute auf diesem Segelschiff gewesen waren und wie es als Schiffsjunge auf dem Schiff gewesen sein mochte, wenn es nach dem Fernen Osten auslief. Er war so stolz darauf gewesen, an Deck eines Schiffs zu stehen, das schon vor so langer Zeit die Meere befahren hatte.

Jetzt glaubte Fred, Alice Recht geben zu müssen. Das Schiff, das er und Angus im Hafen von Leith besichtigt hatten und von dem der Führer erzählt hatte, es wäre das älteste Segelschiff auf dem Wasser, war es in Wirklichkeit nicht; es war nur ein Nachbau der *Maria Magdalena*. Nein, es war noch nicht einmal ein richtiger Nachbau. Es war etwas, worein sich die *Maria Magdalena* ... irgendwie ... verwandelt hatte ... ein neues Schiff, in das sich das alte Schiff verwandelt hatte. Aber der Führer hatte gesagt, es wäre der älteste Rahsegler auf dem Wasser. Das wusste Fred sicher.

Gareth B. Matthews, Philosophische Gespräche mit Kindern, Freese, Berlin 1993, S. 64–66.

▶ Aufträge

1. Was ist das Problem in der Geschichte?
2. Im Laufe der Zeit verändern sich die Dinge wie dieses Schiff. Wie lange sind es noch dieselben, auch wenn die Teile nach und nach erneuert werden?
3. „Dasselbe" und „das Gleiche" – worin liegt der Unterschied? Ist das Schiff nach der beschriebenen Erneuerung noch dasselbe Schiff, oder gleicht es bloß dem alten Schiff, das vom Meeresgrund gehoben worden war? Oder ist es ein ganz anderes Schiff?

A 2 Was bleibt gleich im Wandel?

M 2

Der Sänger Heintje als Junge

... und als erwachsener Mann

▶ **Aufträge**

1. Betrachte die obigen Fotos. Ist das Kind auf dem alten Foto und der ältere Mensch, der dieses Kind war und es betrachtet, dieselbe Person oder bloß die gleiche, oder ist er eine ganz andere Person geworden? Welche Gründe gibt es jeweils dafür?
2. Wenn sich etwas nicht nur gleicht, sondern dasselbe ist oder bleibt, spricht man davon, dass das eine identisch mit dem anderen ist, bzw. das Spätere mit dem Früheren. „Identität" heißt „Selbigkeit" (von lat. „idem", eben der, ein und dasselbe). Was kann „Identität" beim einzelnen Menschen bedeuten?
Schreibe auf: erstens, was alles dazugehören muss, dass ein Mensch seine Identität behält, zweitens, was sich verändern kann, ohne dass er seine Identität verliert. (Beispiele: Gesicht, Gehirn, Herz, Gedanken, usw.) Sprecht gemeinsam über eure Listen. Grundfrage: Unter welchen Bedingungen kann der Mensch seine Identität entwickeln, bewahren und verlieren?

M 3 Das Schiff des Theseus

Das Identitätsproblem hat wie kein anderes Philosophen und Literaten zu Gedankenexperimenten angeregt. Die lange Reihe beginnt mit Thomas Hobbes, der das Schiff des Theseus zum Probierstein von Urteilen über Identität macht.

Es kann aber auch ein Ding mit sich selbst zu verschiedenen Zeiten verglichen werden. Hier erhebt sich das Problem der Individuation, eine Streitfrage, die viel von den Philosophen verhandelt wird. In welchem Sinn
5 bleibt ein Körper derselbe, in welchem wird er ein anderer, als er vorher war? Ist ein Greis noch derselbe Mensch, der er einst als Jüngling war, bleibt ein Staat in verschiedenen Jahrhunderten derselbe? Einige setzen die Individuation in die Einheit der Materie, andere
10 wieder verlegen sie in die Einheit der Form; auch in die Summe aller Akzidenzien[1], in deren Einheit, soll die Identität beruhen. Für die Materie spricht der Umstand, dass ein Stück Wachs, sei es kugelförmig oder würfelförmig, immer noch dasselbe Wachs ist. Für die Form
15 spricht, dass der Mensch von seiner Kindheit bis zum Greisenalter, obgleich seine Materie sich ändert, immer ein und derselbe Mensch ist; kann seine Identität nicht der Materie zugeschrieben werden, so scheint nichts anderes übrig zu bleiben, als sie der Form zuzuschrei-
20 ben ... Nach der ersten Ansicht wäre ein Mensch, der sündigt, nicht derselbe wie jener, der bestraft wird, weil der menschliche Körper sich im beständigen Wechsel befindet. Auch ein Staat, der seine Gesetze im Lauf der Jahrhunderte geändert hat, wäre nicht mehr derselbe,
25 eine Folgerung, die indessen das gesamte Bürgerrecht in Verwirrung bringen würde.
Nach der zweiten Ansicht würden unter Umständen zwei gleichzeitig existierende Körper zahlenmäßig ein und derselbe sein. So in dem Fall des berühmten Schiffs
30 des Theseus, über das schon die Sophisten Athens so viel disputiert haben:
Werden in diesem Schiff nach und nach alle Planken durch neue ersetzt, dann ist es zahlenmäßig dasselbe Schiff geblieben; hätte aber jemand die herausgenom-
35 menen alten Planken aufbewahrt und sie schließlich sämtlich in gleicher Richtung wieder zusammengefügt und aus ihnen ein Schiff zusammengefügt, so wäre ohne Zweifel auch dieses Schiff zahlenmäßig dasselbe wie das ursprüngliche. Wir hätten dann zwei zahlenmä-
40 ßig identische Schiffe, was absurd ist. Nach der dritten Ansicht aber bleibt überhaupt nichts dasselbe; nicht einmal ein Mensch, der soeben saß, wäre stehend noch derselbe, und auch das Wasser, das sich in einem Gefäß befindet, wäre etwas anderes, wenn es ausgegossen ist.
45 Das Prinzip der Individuation beruht eben weder allein auf der Materie noch auf der Form.
Wenn die Identität eines Gegenstands in Frage steht, ist vielmehr der Name entscheidend, der ihm gegeben wurde. Es ist etwas anderes zu fragen, ob Sokrates der-
50 selbe Mensch ist, und etwas anderes, ob er derselbe Körper bleibe; denn sein Körper kann als Greis nicht derselbe sein, wie er als Kind war, schon der Größenunterschiede wegen ...
Der Mensch bleibt derselbe, sofern alle seine Handlun-
55 gen und Gedanken aus demselben Lebensprinzip der Bewegung, das von der Erzeugung in ihm war, fließen; wir sprechen auch von dem nämlichen Fluss, wenn er nur aus einer und derselben Quelle herfließt, mag auch das Wasser nicht das gleiche Wasser sein oder etwas
60 ganz anderes als Wasser von dort fließen. Auch ein Staat bleibt derselbe, wenn seine Handlungen fortlaufend aus derselben Einrichtung hervorgehen, ob nun die Menschen in ihm dieselben oder andere sind ...
Ein Schiff, unter welchem Namen wir eine bestimmt ge-
65 staltete Materie verstehen, wird dasselbe sein, solange seine Materie dieselbe bleibt; ist kein Teil der letzteren mehr derselbe, dann ist es zahlenmäßig ein anderes geworden; sind Teile geblieben, andere ersetzt worden, so ist das Schiff teilweise dasselbe, teilweise ein anderes.

Thomas Hobbes ‚Vom Körper, Meiner, Hamburg 1967, S. 113 ff.

[1] Akzidenzien: nicht notwendige, unwesentliche Merkmale einer Sache oder eines Menschen

▶ Aufträge
1. Arbeite deutlich die Argumente von Hobbes heraus. Unterscheide dabei, wie Hobbes auch, Materie, Form und Summe der Akzidenzien.
2. Schreibe jeden der Punkte in einem einfachen Satz auf.
3. Diskutiert über eure gesammelten Argumente und bildet euch eine eigene Auffassung.

A 2 Was bleibt gleich im Wandel?

M 4 Identität und Gesellschaft

Ich komme auf die Welt und lerne vielerlei Tätigkeiten. Ich ahme nach, was ich bei anderen sehe, ich übernehme Haltungen, Mimik und Gestik anderer. Ich übe Tätigkeiten, denke über sie nach und verbessere dadurch meine Fähigkeiten. *Ich* mache die Dinge zu meinem Gegenstand, um sie handhaben und reflektieren zu können. So vollziehe ich mein Leben. Aber irgendwann komme ich mir selbst in den Blick: Ich werde mir selbst zum Gegenstand. Ich sehe, beschreibe, beurteile und reflektiere *mich*. Das kann ich aber nur, weil dieses Mich beobachtet werden kann in dem, was es tut; es ist letztlich das Resultat meiner eingeübten, von anderen übernommenen Haltungen. Das Ich als Zentrum meiner Lebenspraxis wird reflexiv, kann aber seinerseits nicht beobachtet werden: ich *habe* mich nicht, ich habe nur das, was von mir wahrnehmbar ist. Diese zwei Seiten – das unsichtbare Ich und das beobachtbare Mich – fallen auseinander, und wenn ich sie in einen Einklang bringe, habe ich mich selbst gefunden, eine Identität entwickelt. Dieses Werden des Selbst ist nie abgeschlossen, es neigt sich einmal der Seite der unverwechselbaren Individualität zu, ein andermal der Seite der Verwechselbarkeit mit den anderen.

George Herbert Mead (1863–1931) hat diesen Zusammenhang formuliert und dabei die englischen Wörter *I*, *Me* und *Self* verwendet:

„Das „I" tritt nicht in das Rampenlicht; wir sprechen zu uns selbst, aber wir sehen uns nicht selbst. Das „I" reagiert auf die Identität, die sich durch die Übernahme der Haltungen anderer entwickelt. Indem wir diese Haltungen übernehmen, führen wir das „Me" ein und reagieren darauf als ein „I"." (G. H. Mead, Geist, Identität und Gesellschaft, Suhrkamp, Frankfurt a. M. 1989, S. 217) „Das „I" liefert das Gefühl der Freiheit, der Initiative." (ebenda, S. 221). Dagegen entspricht das „Me" den Anforderungen und Erwartungen der Gesellschaft und ist von Konventionen gelenkt. „Zusammen bilden sie eine Persönlichkeit, wie sie in der gesellschaftlichen Erfahrung erscheint. Die Identität [Self] ist im Wesentlichen ein gesellschaftlicher Prozess, der aus diesen beiden unterscheidbaren Phasen besteht." (ebenda, S. 221)

Deshalb kann die *persönliche* Identität (z. B. eigene Vorlieben, Interessen, Wünsche usw.) von der *sozialen* Identität (z. B. Gruppeninteressen, Solidarität usw.) unterschieden werden, dann auch von der *kulturellen* Identität, die sich durch die Übernahme kulturspezifischer Gesten und Haltungen herausbildet, oder von der *religiösen* Identität auf der Grundlage eines Glaubens und der Zugehörigkeit zu einer Religionsgemeinschaft, und von der *geschlechtlichen* Identität, schließlich von der *moralischen* Identität, in der zum Ausdruck kommt, ob ich mir einen Begriff vom Guten und Gerechten so zueigen gemacht habe, dass mein Urteilen und Handeln davon abhängt. Die Aufgabe des Selbst ist es, diese „Identitäten" zu vereinen.

Richard Breun

▶ **Aufträge**
1. Beschreibe mit Hilfe des Textes den Prozess der Identität und unterscheide dabei die hier aufgezählten Formen der Identität. Welche sind optisch zu erkennen, welche lassen sich erschließen, welche sind bloße Vermutungen oder gar Vorurteile?
2. Beschreibe den Identitätsprozess auch für dich selbst: Welche Haltungen hast du übernommen? Wann fühlst du dich frei davon? Welche Merkmale einer persönlichen, sozialen, kulturellen, religiösen, geschlechtlichen und moralischen Identität kannst du bei dir erkennen?

Der Begriff „Identität" A 3

M 1

Die amerikanische Künstlerin Cindy Sherman stellt sich seit vielen Jahren immer wieder selbst in verschiedenen Rollen dar, in Verkleidungen und Posen. Sie hat auch so genannte „History Portraits" gemacht. Hier stellt sie ein Bild von Botticelli nach, das die Geschichte von Judith veranschaulicht.

▶ **Aufträge**

1. Lies im Buch „Judith" der Bibel nach. Überlege, was Shermans Inszenierung mit der Geschichte Judiths zu tun hat.
   Wählt selbst eine historische Darstellung oder Szenen aus berühmten Filmen aus, die ihr nachbilden könnt. Was wird darin von euch selbst sichtbar?
2. Jede/r Schüler/in überlegt sich eine typische Situation, die sich in einer Pose, in einer bestimmten mimischen und gestischen Inszenierung darstellen lässt. Er/sie führt die Pose vor, die anderen erraten, worum es sich handelt.
3. Trägst du bei einer solchen Inszenierung eine Maske? Oder bist es immer du selbst, der sich zeigt? Was oder wer zeigt sich eigentlich?
4. Inwiefern zeigt sich Cindy Sherman selbst, inwiefern stellt sie lediglich eine Rolle dar? Stellt Vermutungen darüber an, welche Absicht sie mit ihrer Art von Kunst verfolgt.

A 3 Der Begriff „Identität"

M 2 Der Begriff „Identität"

Identität als Begriff ist genauso schwer zu fassen wie das Gefühl der eigenen persönlichen Identität. Aber Identität, was immer sie sonst sein mag, ist verbunden mit den schicksalhaften Einschätzungen seiner selbst – durch sich selbst und durch andere. Jeder präsentiert sich anderen und sich selbst und sieht sich in den Spiegeln ihrer Urteile.
5 Die Masken, die er der Welt und ihren Bürgern zeigt, sind nach seinen Antizipationen [Vorwegnahmen] ihrer Urteile geformt. Auch die anderen präsentieren sich; sie tragen ihre eigenen Masken und werden ihrerseits eingeschätzt. Das gleicht ein bisschen der Erfahrung des kleinen Jungen, der sich zum ersten Mal (ruhig und in Pose) in den vielen Spiegeln des Frisörs oder in dem dreiteiligen des Schneiders sieht.

Anselm Strauss, Spiegel und Masken. Die Suche nach Identität, Suhrkamp, Frankfurt a. M. 1968, S. 7.

M 3 Person und Maske

Das lateinische Wort *persona* bedeutete ursprünglich *Maske*, dann *Rolle, Charakter, Person*. Das älteste literarische Zeugnis verwendet das Wort im Sinne von *Verkleidung, verkleideter Mensch*. Von hier aus war es nicht weit zu *persona* als Metapher für *Schein, Verstellung, Betrug*. Aus der Grundbedeutung *Maske* (des Schauspielers) gingen dann folgende Verwendungsweisen hervor:

(1) Rolle, die der Schauspieler darstellt;
(2) Rolle, die der Mensch in der Gesellschaft spielt;
(3) Stellung, die einem jeden innerhalb des ständisch gegliederten Gesellschaftssystems zugewiesen war;
5 (4) Funktionen oder Beziehungen in der Familie;
(5) gleich bleibendes Verhalten des Rollenträgers, seine hierdurch entstehende Identität oder Identitätspflicht (insofern kommt es dem modernen Ausdruck „Image" nahe);
(6) heutige Bedeutung von *Person*: was jenseits aller Rollen diese trägt, ihnen entzogen ist und gerade dadurch möglich wird, dass der *Rollenspieler* nicht in seinen Rollen
10   aufgeht.

Richard Breun

▶ Aufträge

1. Was meint A. Strauss mit *Spiegel* und was mit *Maske*?
2. Arbeite mit einem Partner zusammen: Jedes Paar denkt sich eine Situation aus, in der es dazu kommt, dass der eine dem anderen den Spiegel vorhält (und umgekehrt). Spielt die Situation. Diskutiert nach der Vorführung folgende Fragen: Was geschieht eigentlich bei dieser Art von Spiegelung? Was spiegelt sich und was lässt sich dabei erkennen? Was wird nicht gespiegelt?
3. Welche Motive kann es geben, sich – auch im Alltag – zu verkleiden, sich immer wieder anders zu zeigen und zu geben?
4. Was bedeutet Identität der Person (ihr „Selbst"), wenn sie doch immer wieder Rollen spielen, sich selbst darstellen muss und sich mit der Zeit verändert? Gibt es ein Selbst „hinter" der Maske, und was wäre das?

Der Begriff „Identität" A 3

M 4 Grimassen

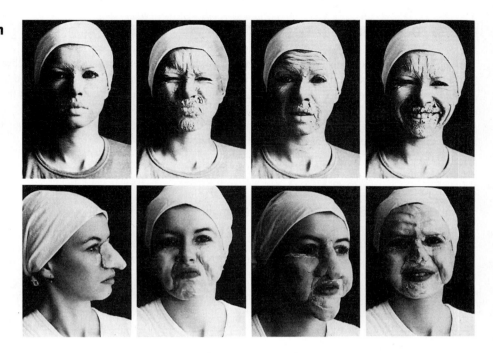

M 5 Erfahrungsbericht einer Kunsterzieherin: Das Selbst wird ein anderer

Im zweiten Semester meines Studiums erinnerte ich mich an die vielen Grimassen, die mein Bruder und ich erfunden und geschnitten hatten, wohl um der autoritären Strenge unseres vaterbestimmten Elternhauses ein
5 Ventil zu verschaffen. Vor allem machte dieser Protest keinen Lärm, vermittelte erhellende Gefühle von Respektlosigkeit und erleichterte ungemein.
Zuerst begann ich völlig unvorbereitet: stellte mich irgendwohin und ließ mich fotografieren, während ich
10 Grimassen schnitt. Anhand dieser Fotos entdeckte ich, dass Frisur, Kleidung, Sommersprossen usw. zu sehr von der eigentlichen Aktion ablenkten. Auch die verschiedenen Bildausschnitte, Licht- und Hintergrundverhältnisse erwiesen sich als störend für den Ausdruck
15 der Bilder. Also kämmte ich die Haare weg, umhüllte sie zum Teil mit einem weißen Tuch, klebte sie mit Salatöl fest, trug Unterhemden, puderte das Gesicht weiß [...], setzte mich auf einen festen Platz vor neutralen und gleichen Hintergrund und verwendete ein Stativ.
20 [...] Im Laufe der Arbeit wurde ich mutiger, benützte Stricke, die das Gesicht durchschnitten, zog mir einen Netzstrumpf über den Kopf, wobei sich allein durch Ziehen am Strumpf das Gesicht veränderte, klebte mir mit Uhu Nasen, Kinne, Stirnen, Wangen aus Ke-
25 ramiplast und Plastilin ins Gesicht, bemalte mich mit heller Plakatfarbe und ließ die geschlossene Farbhaut durch Gesichtverziehen reißen. [...] Während der sich steigernden Entstellung wurde eine hervorgeholte Erinnerung, die anscheinend bearbeitet werden musste,
30 ein wichtiger Teil meiner Gegenwart. Ich hatte mit all den ach so wichtigen Darstellungsweisen eines jungen Mädchens gelebt: sich anziehen, schminken, Masken tragen – und vor allem adrett und attraktiv aussehen. Durch die andauernde „Verscheußlichung" war ich mir
35 paradoxerweise nahe gekommen, und Verschüttetes wurde befreit, nicht zuletzt durch das Festhalten und Bewahren der Handlung in Bildern. [...] Vor allem liegt der Reiz darin, dass durch diese Verkleidung die Person des Entstellten ganz stark mitspielt, obwohl es sich um
40 eine vollständige Maskierung handelt. Die Faszination liegt in der Verpersönlichung des Verkleideten.

Yvonne Richter, Mimik. Persönliche Erfahrungen, in: Rudolf Seitz (Hg.): Masken. Bau und Spiel, Don Bosco, München 1991, S. 9.

▶ Aufträge
1. Welche Motive hatte die Erzählerin, Grimassen auszuprobieren und ihr Gesicht zu verändern?
2. Die Verkleidung und gar Entstellung lässt die Person stärker zum Vorschein kommen. Wie kommt es dazu?

A 3 Der Begriff „Identität"

M 6 Demaskierungen

Vor vielen Jahren forderte eine Wochenzeitung eine Reihe bekannter Persönlichkeiten auf, sie sollten sich aus einem Blatt Papier eine Maske schneiden und sie aufsetzen. Die Bilder mit Maske „demaskierten" – so paradox das klingen mag – wesentlich mehr als die Fotos der Gesichter. Idealisierungen und Veränderungen wurden mit einem Male sichtbar – gerade in dem Augenblick, in dem dies hinter der Maske zu verschwinden schien. Die Maske wurde zum Medium.

Rudolf Seitz, Einleitung, in: ders. (Hg.): Masken. Bau und Spiel, Don Bosco, München 1991, S. 7.

▶ Aufträge
1. Wie kann es zu Demaskierungen (Enthüllungen) der Person gerade durch die Maskierung kommen?
2. Erzähle eine Geschichte, in der sich eine Person gegen ihren Willen demaskiert. Vergleicht eure Geschichten und sprecht darüber.

M 7 Gezeichnet

Dear Miss Lonelyhearts –
Ich bin jetzt sechzehn Jahre alt, und ich weiß nicht, was ich tun soll, und ich möchte Sie bitten, mir zu sagen, was ich tun soll. Als ich ein kleines Mädchen war, war es nicht so schlimm, weil ich mich daran gewöhnt hatte, dass die Kinder aus unserem Viertel sich über mich lustig machten, aber jetzt möchte ich gerne Freunde haben wie andere Mädchen und samstags abends ausgehen, aber kein Junge will mit mir gehen, weil ich ohne Nase geboren wurde – obwohl ich gut tanzen kann und eine hübsche Figur habe und mein Vater mir schöne Kleider kauft.
Den ganzen Tag sitze ich da und sehe mich an und heule. Mitten im Gesicht habe ich ein großes Loch, das die Leute und selbst mich erschreckt, so dass ich es den Jungen nicht übel nehmen kann, wenn sie nicht mit mir ausgehen wollen. Meine Mutter liebt mich, aber wenn sie mich ansieht, weint sie schrecklich. Was habe ich nur getan, um ein so schlimmes Schicksal zu verdienen. Selbst wenn ich wirklich etwas Böses getan habe, tat ich es doch nicht, bevor ich ein Jahr alt war, und ich wurde schon so geboren. Ich habe Papa gefragt, und er sagt, er weiß es nicht, aber es kann ja sein, dass ich etwas in der anderen Welt tat, bevor ich geboren wurde, oder es kann sein, dass ich für seine Sünden bestraft bin. Aber das glaube ich nicht, weil er ein sehr netter Mann ist. Sollte ich Selbstmord begehen?

Es grüßt Sie Ihre Verzweifelte

Nathaniel West, Miss Lonelyhearts, in: Erving Goffman, Stigma. Über Techniken der Bewältigung beschädigter Identität, Suhrkamp, Frankfurt a. M. 1975, S. 8.

▶ Aufträge
1. Welche Schwierigkeiten ergeben sich für das Mädchen in seiner Identitätsentwicklung? Welche Schwierigkeiten und Krisen kann es auch ohne ein solches „Stigma" (körperliches Zeichen) geben?
2. Was bedeutet es für die eigene Identität, immer „demaskiert", d. h. körperlich gezeichnet zu sein?

Was ist Freiheit? A 4

M 1 Was bedeutet eigentlich „frei sein"?

„frei" ist noch lange nicht frei! Das Spiel mit Wörtern, zusammengestellt und in Bildern dargestellt von Marie Marcks.

▶ **Aufträge**
1. Unterscheidet die Bedeutungen von „frei", die in den Bildern vorkommen.
2. Schreibt weitere Sätze auf, in denen das Wort vorkommt. Sammelt eure Sätze. Schreibt alle Bedeutungen auf, die das Wort „frei" haben kann. Zeichnet dazu Cartoons.
3. Was ist gemeint, wenn man davon spricht, sein Leben frei gestalten zu wollen? Fallen euch Beispiele aus dem Alltag ein?

A 4 Was ist Freiheit?

M 2

Stimmst du mit den folgenden Behauptungen überein oder nicht? Wenn du gleicher Meinung bist, sage warum. Wenn nicht, dann sage, warum nicht.

1. Wir sind frei, wenn uns niemand sagt, wie wir leben sollen.
2. Wir sind frei, wenn wir uns unsere eigenen Regeln ausdenken und ihnen folgen.
3. Wir sind frei, wenn uns nichts in die Quere kommt.
4. Wir sind frei, wenn wir denken, wir sind frei.
5. Wir sind frei, wenn wir das tun, was wir für das Beste halten.
6. Wir sind frei, wenn wir gesund sind.
7. Wir sind frei, wenn wir intelligent sind.
8. Wir sind frei, wenn wir wir selbst sind.
9. Wir sind dann frei, wenn jeder frei ist.

Matthew Lipman, Handbuch zu Pixie, Hölder-Pichler-Tempsky, Wien 1986, S. 86 f.

▶ **Aufträge**

1. Diskutiert über eure Antworten. Versucht zu bestimmen, welche Bedeutung das Wort „frei" in der jeweiligen Behauptung bekommt. Was folgt jeweils aus diesem Begriff von Freiheit?
2. Stellt nun selbst eine Behauptung zur Freiheit auf, in der Form „Wir sind frei, wenn …".
3. Versucht gemeinsam, euch über eine Bedeutung von „frei sein" und einen Freiheitsbegriff einig zu werden. Was muss er enthalten (z. B. Möglichkeiten haben)? Was kann ausgeschlossen werden (z. B. mit Gewalt gezwungen werden)?

M 3

Beantworte nun folgende Fragen:

1. Steht es dir frei, deinen Ellbogen zu küssen?
2. Steht es dir frei, Fußballprofi zu werden?
3. Steht es dir frei, Bundespräsident zu werden?
4. Steht es dir frei, deine Hausaufgabe nicht zu machen?
5. Steht es dir frei, nichts mehr zu essen?
6. Steht es dir frei, eine Bank auszurauben?

Matthew Lipman, Handbuch zu Pixie, Hölder-Pichler-Tempsky, Wien 1986, S. 86 f.

▶ **Aufträge**

1. Welche Bedingungen müssen jeweils erfüllt sein, um die entsprechende „Freiheit der Wahl" zu haben?
2. Welches sind die Hindernisse und Schranken, die der jeweiligen „Freiheit" entgegenstehen? Worin unterscheiden sich diese Hindernisse?

M 4 Begriffe klären

Freiheit meint *Selbstbestimmung*. Der philosophische und sittlich-politische Schlüsselbegriff vor allem der Neuzeit bedeutet negativ die Unabhängigkeit von *Fremdbestimmung* (naturaler, sozialer oder politischer Art) und positiv, dass man selbst seinem Tun den bestimmten Inhalt gibt. Zunächst war „frei" ausschließlich eine Rechtsbestimmung, die gewisse Personen vor anderen auszeichnete. Als vollwertige Mitglieder einer Gemeinschaft lebten die „Freien" im Unterschied zu den Sklaven um ihrer selbst willen, unabhängig von fremder Gewalt, waren im Unterschied zu den Fremden vor Verletzung oder Unterdrückung durch andere Gewalt geschützt und wirkten gleichberechtigt am politischen Leben mit. Seit Beginn der Neuzeit (und unter Einfluss von Ideen der Stoiker, jüdisch-christlichen Denkens sowie philosophischer und politischer Bewegungen) wird Freiheit zum universalen Anspruch jedes Individuums und jeder politischen Gemeinschaft. *Politische Freiheit* besteht im Ledigsein von fremder Gewalt und zugleich der Sicherung des Ledigseins durch eine anerkannte Gewalt. Die universal gewordene Freiheit tritt auf zwei verschiedenen Ebenen auf, als die Selbstbestimmung des Handelns und als die des Willens.

Handlungsfreiheit besteht im elementarsten Sinn schon dort, wo sich jemand im Sinne seiner eigenen Kräfte und Möglichkeiten bewegen kann. In einem engeren und spezifisch menschlichen Sinn besteht die Handlungsfreiheit erst dort, wo jemand einen Spielraum von alternativen Möglichkeiten des Verhaltens sieht und eine davon auswählen kann: *Willkürfreiheit*. Da die Willkürfreiheit des einen mit der des anderen in Konflikt geraten kann, sind politische Gesetze der Konfliktregelung notwendig, durch die die Handlungsfreiheit eines jeden eingeschränkt und zugleich gesichert wird. – Eine politische Gemeinschaft ist in ihrem Handeln frei, wenn ihre Gesetze nicht von außen auferlegt, sondern von ihr selbst gegeben werden (*Souveränität* nach außen) und diese auf das eigene Gemeinwohl zielen.

Politische Freiheit und Willkürfreiheit bestehen also nicht in reiner Ungebundenheit, sondern in einer Determination zweiter Ordnung: im Selbergeben der Gesetze (*Autonomie*), nach denen man als politische Gemeinschaft (in politischer Freiheit) oder als Individuum (in moralischer Freiheit) handelt.

Willensfreiheit ist das Vermögen, einen Zustand von selbst anzufangen. Sie besteht darin, dass der Wille sich letztlich nicht von etwas anderem, den Antrieben der Sinnlichkeit oder auch von sozialen Zwängen, bestimmen lässt (*Heteronomie*), sondern selbst Ursprung seines So-und-nicht-anders-Wollens ist (*Autonomie*). Dies heißt keineswegs, dass der Mensch seine mannigfaltigen Bedingungen einfach abstreifen und aus dem Nichts neu anfangen könnte. Vielmehr sind Bedingungen vorhanden, aber nicht als unabänderliche Faktoren, sondern der Mensch kann sich in ein Verhältnis zu ihnen setzen: sie benennen, beurteilen und anerkennen (sie sich produktiv und kreativ zu eigen machen) oder aber verwerfen und in (selbst-)erzieherischen, therapeutischen, politischen und anderen Prozessen auf ihre Veränderung hinarbeiten.

nach: Otfried Höffe, Freiheit, in: ders (Hg.): Lexikon der Ethik, C. H. Beck, München 1997, S. 76 ff.

▶ **Auftrag**
Kläre selbstständig die kursiv gesetzten Begriffe. Suche jeweils ein Beispiel.

A 5 Erfahrungen der Beeinflussung und Fremdbestimmung

M 1 Beeinflussungen

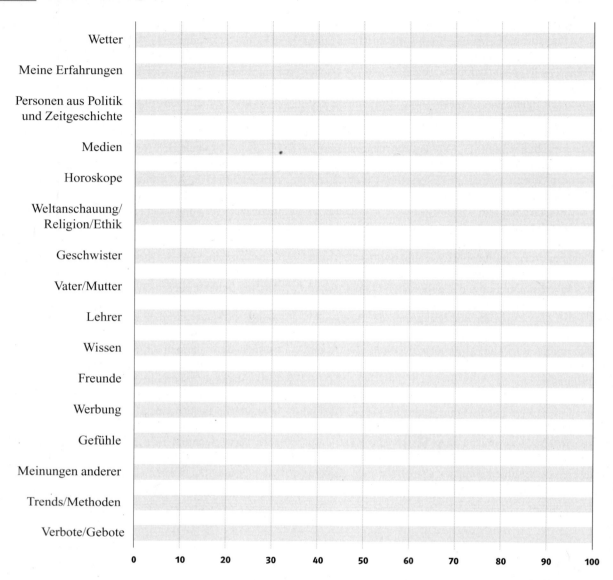

▶ Aufträge
1. Überlege, wodurch du dich in deinen Handlungen und Meinungen am meisten leiten lässt.
Bewerte in jedem Balken, wie sehr du dich von diesem Faktor beeinflussen lässt:
0 = hat gar keinen Einfluss auf mich
100 = hat sehr großen Einfluss auf mich
2. Vergleicht eure Diagramme untereinander. Fügt eigene Faktoren hinzu, die euch wichtig erscheinen. Was prägt euch am meisten? Gibt es etwas, was gar keinen Einfluss auf euch hat?
Diskutiert darüber, ob Beeinflussung etwas mit Unfreiheit zu tun hat.

Erfahrungen der Beeinflussung und Fremdbestimmung **A 5**

M 2 Planung eines Urlaubstags

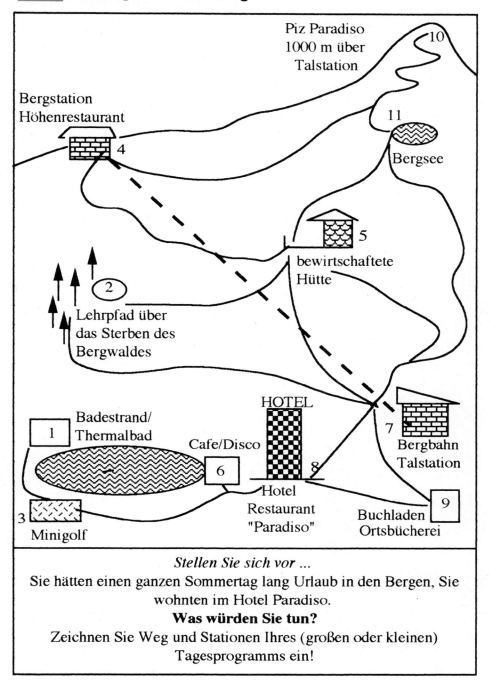

Stellen Sie sich vor ...
Sie hätten einen ganzen Sommertag lang Urlaub in den Bergen, Sie wohnten im Hotel Paradiso.
Was würden Sie tun?
Zeichnen Sie Weg und Stationen Ihres (großen oder kleinen) Tagesprogramms ein!

▶ **Aufträge**

1. Vergleicht eure Tagesabläufe miteinander. Hättet ihr einige Entscheidungen voraussagen können? Ist dies ein Ausdruck von Freiheit oder Unfreiheit?
2. Teilt euch in zwei Gruppen auf und führt ein Streitgespräch über die beiden folgenden Auffassungen:
   - Wenn die Welt so verfasst ist, dass alles determiniert ist und es keine freie Wahl gibt, wie muss dann deine Planung beschrieben werden im Vergleich mit den Planungen anderer Personen? Was bedeutet dies für dein Selbstverständnis? Was ist das „Selbst"?
   - Wenn die Welt so verfasst ist, dass eine freie Wahl möglich ist, wie muss dann deine Planung beschrieben werden im Vergleich mit den Planungen anderer Personen? Was bedeutet dies für dein Selbstverständnis? Was ist das „Selbst"?

A 5 Erfahrungen der Beeinflussung und Fremdbestimmung

M 3 Erfahrungen der Unfreiheit

Der Philosoph Peter Bieri unterscheidet in seinem lesenswerten Buch *Das Handwerk der Freiheit* sechs Formen von Unfreiheit. Dabei ist der Wille in einer je anderen Weise nicht frei.

Die Unfreiheit besteht darin:
- dass man ein Getriebener ist,
- dass das Nachdenken übergangen wird,
- dass man ein gedanklicher Mitläufer ist,
- dass man etwas zwanghaft will,
- dass man unbeherrscht ist,
- dass der Wille erzwungen wird.

M 4 Tretmühle

Walter Habdank, Tretmühle, Holzschnitt 1973.

▶ **Aufträge**
1. Finde für jede Art von Unfreiheit Beispiele aus dem Alltag. Denkt euch zu einem Beispiel eine Situation aus, schreibt Dialoge und spielt eine Szene.
2. Wie kann man sich jeweils aus der unfreien Lage befreien?
3. Entwickelt in Zweier- bis Vierergruppen eine Szene, in der zwei Menschen miteinander über die Tretmühle sprechen, in der sie sich selbst gefangen sehen. Überlegt euch dann eine Szene, in der einer der beiden Menschen dem anderen zu zeigen versucht, wie er aus der Tretmühle ausbrechen kann. Schreibt beide Dialoge auf und inszeniert sie.
4. Denke dir ein Bild aus, das – im Gegensatz zur Tretmühle – das selbstbestimmte, freie Leben darstellt.
   Beschreibe oder zeichne es.

Erfahrungen der Beeinflussung und Fremdbestimmung A 5

M 5 Robert Walser: Basta (1916)

Ich kam dann und dann zur Welt, wurde dort und dort erzogen, ging ordentlich zur Schule, bin das und das und heiße so und so und denke nicht viel. Geschlechtswegen bin ich ein Mann, staatswegen bin ich ein guter Bürger und rangeshalber gehöre ich zur besseren Gesellschaft. Ich bin ein säuberliches, stilles nettes Mitglied der menschlichen
5 Gesellschaft, ein so genannter guter Bürger, trinke gern mein Glas Bier in aller Vernunft und denke nicht viel. Auf der Hand liegt, dass mir Ideen fern liegen. Scharfes Denken liegt mir gänzlich fern; Ideen liegen mir vollständig fern, und deshalb bin ich ein guter Bürger, denn ein guter Bürger denkt nicht viel. Ein guter Bürger isst sein Essen, und damit basta! [...]
10 Dafür bin ich ja ein guter Bürger, damit ich Ruhe habe, damit ich den Kopf nicht anzustrengen brauche, damit mir Ideen völlig fern liegen und damit ich mich vor zu vielem Denken ängstlich fürchten darf. Vor scharfem Denken habe ich Angst. Wenn ich scharf denke, wird es mir ganz blau und grün vor den Augen. Ich trinke lieber ein gutes Glas Bier und überlasse jedwedes scharfes Denken leitenden Staatslenkern. Staatsmänner
15 können meinetwegen so scharf denken wie sie wollen und so lang, bis ihnen die Köpfe brechen. Mir wird immer ganz blau und grün vor den Augen, wenn ich den Kopf anstrenge, und das ist nicht gut, und deshalb strenge ich den Kopf so wenig wie möglich an und bleibe hübsch kopflos und gedankenlos. Wenn nur leitende Staatsmänner denken, bis es ihnen grün und blau vor den Augen wird und bis ihnen der Kopf zerspringt,
20 so ist alles in Ordnung, und unsereins kann ruhig sein Glas Bier in aller Vernunft trinken, mit Vorliebe gut essen und nachts sanft schlafen und schnarchen, in der Annahme, dass Schnarchen und Schlafen besser sei als Kopfzerbrechen und besser als Dichten und Denken. Wer den Kopf anstrengt, macht sich nur verhasst, und wer Absichten und Meinungen bekundet, gilt als ungemütlicher Mensch, aber ein guter Bürger soll kein
25 ungemütlicher, sondern ein gemütlicher Mensch sein. Ich überlasse in aller Seelenruhe scharfes und kopfzerbrechendes Denken leitenden Staatsmännern, denn unsereins ist ja doch nur ein solides und unbedeutendes Mitglied der menschlichen Gesellschaft und ein so genannter guter Bürger oder Spießbürger, der gern sein Glas Bier in aller Vernunft trinkt und gern sein möglichst gutes fettes Essen isst und damit basta!
30 Ich heiße so und so, kam dann und dann zur Welt, wurde dort und dort ordentlich und pflichtgemäß in die Schule gejagt, lese gelegentlich die und die Zeitung, bin von Beruf das und das, zähle so und so viele Jahre und verzichte darauf, viel und angestrengt zu denken, weil ich Kopfanstrengungen und Kopfzerbrechen mit Vergnügen leitenden und lenkenden Köpfen überlasse, die sich verantwortlich fühlen. Unsereins fühlt we-
35 der hinten noch vorn Verantwortung und denkt nicht viel, sondern überlässt dieses sehr eigenartige Vergnügen Köpfen, die die Verantwortung tragen. Ich ging da und da zur Schule, wo ich genötigt wurde, den Kopf anzustrengen, den ich seither nie mehr wieder einigermaßen angestrengt und in Anspruch genommen habe. Geboren bin ich dann und dann, trage den und den Namen, habe keine Verantwortung und bin keineswegs einzig
40 in meiner Art.

Robert Walser, Das Gesamtwerk, Bd. 2, Suhrkamp, Franfurt a. M. 1978, S 262 ff.

▶ Aufträge
1. Welche Art von Unfreiheit wird hier geschildert? Was bedeutet sie für das Leben des Ich-Erzählers, für seine Biographie?
2. Beschreibe Wege aus solcher Unfreiheit.
3. Schreibe den Text so um, dass die Freiheit und Selbstbestimmung des Ich-Erzählers deutlich wird (also angefangen beim Geburtsdatum und der Namensnennung).

A 6 Der große Streit in Philosophie und Wissenschaft

M 1 Kant und der freie Wille

[…] was kann denn wohl die Freiheit des Willens sonst sein, als Autonomie, d. i. die Eigenschaft des Willens, sich selbst ein Gesetz zu sein? Der Satz aber: der Wille ist in allen Handlungen sich selbst ein Gesetz, bezeichnet nur das Prinzip, nach keiner anderen Maxime zu handeln, als die sich selbst auch als ein allgemeines Gesetz zum Gegenstande haben kann. Dies ist aber gerade die Formel des kategorischen Imperativs und das Prinzip der Sittlichkeit: also ist ein freier Wille und ein Wille unter sittlichen Gesetzen einerlei.

Ich sage nun: Ein jedes Wesen, das nicht anders als *unter der Idee der Freiheit* handeln kann, ist eben darum, in praktischer Rücksicht, wirklich frei, d. i. es gelten für *dasselbe* alle Gesetze, die mit der Freiheit unzertrennlich verbunden sind, eben so, als ob sein Wille auch an sich selbst, und in der theoretischen Philosophie gültig, für frei erklärt würde.

Immanuel Kant, Grundlegung der Metaphysik der Sitten, BA 97, 100 f.

M 2 Der kategorische Imperativ

Kant sagt, dass wir die Freiheit nicht theoretisch erklären und beweisen können, dass sie aber in praktischer Hinsicht für uns Menschen als vernünftige Wesen gilt. Was heißt das? Zu dieser Frage muss man sich den berühmten kategorischen Imperativ genauer anschauen. Er hat die folgenden unterschiedlichen Fassungen:

1. „Handle so, dass die Maxime deines Willens jederzeit zugleich als Prinzip einer allgemeinen Gesetzgebung gelten könne." Ähnlich: „Handle nur nach derjenigen Maxime, durch die du zugleich wollen kannst, dass sie ein allgemeines Gesetz werde."

Immanuel Kant, Kritik der praktischen Vernunft, A 54.

2. „Handle so, als ob die Maxime deiner Handlung durch deinen Willen zum allgemeinen Naturgesetz werden sollte."

Immanuel Kant, Grundlegung der Metaphysik der Sitten, BA 52.

3. „Handle so, dass du die Menschheit in deiner Person, als in der Person eines jeden anderen jederzeit zugleich als Zweck, niemals bloß als Mittel brauchest."

Immanuel Kant, Grundlegung der Metaphysik der Sitten, BA 66 f.

▶ Aufträge

1. Lest euch M 1 und M 2 sorgfältig durch. Besprecht sie gemeinsam, um sie besser zu verstehen. Schreibt die Hauptbegriffe heraus und erläutert sie.
2. Inwiefern ist der kategorische Imperativ ein Ausdruck der Freiheit des Menschen?
3. Setzt euch gemeinsam mit folgender These auseinander: Nur, wenn der Mensch einen freien Willen hat, kann er sich sittlich verhalten.

M 3 Schopenhauer und der unfreie Wille

[…] wollen wir uns einen Menschen denken, der, etwa auf der Gasse stehend, zu sich sagte: „Es ist 6 Uhr abends, die Tagesarbeit ist beendigt. Ich kann jetzt einen Spaziergang machen; oder ich kann in den Klub gehen; ich kann auch auf den Turm steigen, die Sonne untergehen zu sehn; ich kann auch ins Theater gehen; ich kann auch diesen oder aber jenen Freund besuchen; ja ich kann auch zum Tor hinauslaufen, in die weite Welt, und nie wiederkommen. Das alles steht allein bei mir, ich habe völlige Freiheit dazu; tue jedoch davon jetzt nichts, sondern gehe ebenso freiwillig nach Hause, zu meiner Frau." Das ist geradeso, als wenn das Wasser spräche: „Ich kann hohe Wellen schlagen (ja! nämlich im Meer und Sturm), ich kann reißend hinabeilen (ja! nämlich im Bette des Stroms), ich kann schäumend und sprudelnd hinunterstürzen (ja! nämlich im Wasserfall), ich kann frei als Strahl in die Luft steigen (ja! nämlich im Springbrunnen), ich kann endlich gar verkochen und verschwinden (ja! bei 80° Wärme); tue jedoch von dem allen jetzt nichts, sondern bleibe freiwillig, ruhig und klar im spiegelnden Teiche." Wie das Wasser jenes alles nur dann kann, wann die bestimmenden Ursachen zum einen oder zum andern eintreten; ebenso kann jener Mensch, was er zu können wähnt, nicht anders als unter derselben Bedingung. Bis die Ursachen eintreten, ist es ihm unmöglich; dann aber *muss* er es so gut wie das Wasser, sobald es in die entsprechenden Umstände versetzt ist. Sein Irrtum und überhaupt die Täuschung, welche aus dem falsch ausgelegten Selbstbewusstsein hier entsteht, dass er jenes alles jetzt gleich könne, beruht, genau betrachtet, darauf, dass seiner Phantasie nur *ein* Bild zur Zeit gegenwärtig sein kann und für den Augenblick alles andere ausschließt. […]
Kehren wir zu jenem aufgestellten um sechs Uhr deliberierenden Menschen zurück und denken uns, er bemerke jetzt, dass ich hinter ihm stehe, über ihn philosophiere und seine Freiheit zu allen jenen ihm möglichen Handlungen abstreite; so könnte es leicht geschehen, dass er, um mich zu widerlegen, eine davon ausführte: dann wäre aber gerade mein Leugnen und dessen Wirkung auf seinen Widerspruchsgeist das ihn dazu nötigende Motiv gewesen. Jedoch würde dasselbe ihn nur zu einer oder der andern von den *leichteren* unter den oben angeführten Handlungen bewegen können, z. B. ins Theater zu gehen; aber keinesfalls zu zuletzt genannten, nämlich in die weite Welt zu laufen: dazu wäre das Motiv viel zu schwach. […]
Ich kann tun, was ich will: ich kann, *wenn ich will*, alles, was ich habe, den Armen geben und dadurch selbst einer werden – wenn ich *will*! – Aber ich vermag nicht, es zu *wollen*; weil die entgegenstehenden Motive viel zuviel Gewalt über mich haben, als dass ich es könnte. Hingegen wenn ich einen andern Charakter hätte, und zwar in dem Maße, dass ich ein Heiliger wäre, dann würde ich es wollen können; dann aber würde ich auch nicht umhinkönnen, es zu wollen, würde es also tun müssen. – Dies alles besteht vollkommen wohl mit dem „Ich kann *tun*, was ich *will*" des Selbstbewusstseins, worin noch heutzutage einige gedankenlose Philosophaster die Freiheit des Willens zu sehn vermeinen und sie demnach als eine gegebene Tatsache des Bewusstseins geltend machen. […]
1. Sind einem gegebenen Menschen unter gegebenen Umständen zwei Handlungen möglich oder nur *eine*? – Antwort aller Tiefdenkenden: Nur *eine*.
2. Konnte der zurückgelegte Lebenslauf eines gegebenen Menschen – angesehen, dass einerseits sein Charakter unveränderlich feststeht und andererseits die Umstände, deren Einwirkung er zu erfahren hatte, durchweg und bis auf das kleinste herab von äußeren Ursachen, die stets mit strenger Notwendigkeit eintreten und deren aus lauter ebenso notwendigen Gliedern bestehende Kette ins unendliche hinaufläuft, notwendig bestimmt wurden – irgend worin auch nur im Geringsten in irgendeinem Vorgang, einer Szene anders ausfallen, als er ausgefallen ist? – Nein! ist die konsequente und richtige Antwort.
Die Folgerung aus beiden Sätzen ist: *Alles, was geschieht, vom Größten bis zum Kleinsten, geschieht notwendig.* […]

Arthur Schopenhauer, Über die Freiheit des Willens.
In: Sämtliche Werke, hg. v. Wolfgang Freiherr von Löhneysen, Bd. III,
S. 521–627; hier: S. 561 ff.

▶ Aufträge
1. Wie begründet Schopenhauer, dass es überall nur Determination und keine Freiheit gibt?
2. Stimmst du eher Kants oder eher Schopenhauers Auffassung zu? Begründe ausführlich.
3. Denkt euch eine Alltagssituation aus, in der Kant und Schopenhauer sich treffen. Nach dem Austausch einiger Höflichkeiten kommt es zum Streit. Wie könnte dieser verlaufen? Schreibt und spielt den Dialog.

A 6 Der große Streit in Philosophie und Wissenschaft

M 4 Aus freien Stücken?

In einem Selbstbedienungsrestaurant entscheidet sich jemand für ein Stück Torte, obwohl er auch einen Pfirsich hätte haben können.

„Ich hätte stattdessen einen Pfirsich essen können." Was bedeutet das und ist es auch wahr?

Zu der Zeit, als Sie im Restaurant anstanden, gab es durchaus Pfirsiche: Sie hatten die *Chance*, anstelle der Torte auch an einen Pfirsich heranzukommen. Dies ist jedoch nicht alles, was Sie meinen. Sie meinen, dass Sie anstelle der Torte den Pfirsich hätten *nehmen* können. Sie hätten etwas anderes *tun* können als das, was Sie wirklich taten. Bevor Sie sich entschlossen, stand nicht fest, ob Sie zum Obst oder zur Torte greifen würden, und einzig und allein Ihre Entscheidung bestimmte, was es sein würde.

Stimmt das? Wenn Sie sagen, „Ich hätte statt dessen einen Pfirsich essen können", meinen Sie dann, dass es einzig und allein von Ihrer Entscheidung abhing? Sie entschieden sich für die Schokoladentorte und aßen infolgedessen Kuchen, *wenn* Sie sich jedoch für den Pfirsich entschieden hätten, so hätten Sie die Frucht gegessen.

Dies scheint immer noch nicht auszureichen. Sie meinen nicht bloß, dass Sie den Pfirsich gegessen hätten, *wenn* Sie sich für ihn entschieden hätten. Wenn Sie sagen, „Ich hätte statt dessen einen Pfirsich essen können", so meinen Sie zusätzlich, dass Sie ihn hätten *wählen* können – ohne jedes „wenn" und aber. Was heißt das jedoch?

Man kann es nicht erklären, indem man auf andere Situationen hinweist, in denen Sie sich für Obst entschieden *haben*. Ebenso wenig kann man es erklären, indem man sagt, dass Sie, wenn Sie recht darüber nachgedacht hätten oder mit einem Freund zusammen gewesen wären, der nicht gerade ein Vielfraß ist, den Pfirsich gewählt hätten. Sie sagen vielmehr, dass Sie *genau damals und unter den damaligen Umständen* statt der Schokoladentorte einen Pfirsich hätten *wählen* können. Sie meinen, Sie hätten auch dann einen Pfirsich wählen können, wenn sich alles Übrige bis zu dem Punkt, an dem Sie in Wirklichkeit die Schokoladentorte wählten, genau gleich verhalten hätte. Der einzige Unterschied wäre der gewesen, dass Sie, statt „Na prima!" zu denken und zur Torte zu greifen, eher „Lieber nicht!" gedacht und zum Pfirsich gegriffen hätten.

Diesen Gedanken von „können" und „hätte ... können" wenden wir nur auf Personen (und vielleicht auf einige Tiere) an. Wenn wir sagen, „Das Auto hätte durchaus den Gipfel erreichen können", so meinen wir, dass das Auto über genügend Leistung verfügte, um den Gipfel zu erreichen, „wenn" es jemand dort hoch führe. Wir meinen nicht, dass das am Fuß des Berges geparkte Auto irgendwann einfach von selbst hätte losfahren und den Gipfel erklimmen können, statt bloß tatenlos herumzustehen. Irgendetwas anderes hätte vorher geschehen müssen, etwa dass jemand einsteigt und den Motor anlässt. Bei Personen jedoch scheinen wir zu glauben, dass sie einige der Dinge, die sie in Wirklichkeit gar nicht tun, tun können – *einfach so* und ohne dass vorher etwas anderes geschehen muss. Was bedeutet das?

Thomas Nagel, Was bedeutet das alles? Eine ganz kurze Einführung in die Philosophie, Reclam, Stuttgart 1990, S. 41 f.

▶ **Aufträge**
1. Führe einen Dialog mit dir selbst, ob du den Pfirsich oder die Torte essen magst.
2. Versuche die Fragen zu beantworten, die der amerikanische Philosoph Thomas Nagel (1937) stellt.

M 5 Weiterführende Fragen

Wäre ich der Ansicht, dass alles, was ich täte, durch die Umstände und meine psychische Verfassung determiniert wäre, so fühlte ich mich gleichsam in einer Falle. Glaubte ich von allen anderen das gleiche, so wären sie für mich wie Marionetten. Es wäre sinnlos, sie für ihre Handlungen verantwortlich zu machen [...]. Auf der anderen Seite bin ich mir nicht sicher, ob ich verstehe, inwiefern unsere Verantwortlichkeit für unsere Handlungen einen Sinn haben kann, wenn diese *nicht* determiniert sind. Es ist mir nicht klar, was man damit sagt, dass *ich* meine Entscheidung bestimme, wenn sie durch nichts an oder in mir bestimmt wird. Vielleicht ist also das Gefühl, dass Sie statt eines Stücks Torte auch einen Pfirsich hätten wählen können, eine philosophische Täuschung, die niemals wahr sein könnte, ganz gleich was der Fall wäre.

Um dieser Konsequenz auszuweichen, hätte man zu erklären, (a) was man damit *meint*, dass man auch etwas anderes als das hätte tun können, was man getan hat, und (b) wie man selbst und die Welt verfasst sein muss, wenn dies wahr sein soll.

Thomas Nagel, Was bedeutet das alles? Eine ganz kurze Einführung in die Philosophie, Reclam, Stuttgart 1990, S. 49 f.

▶ **Auftrag**
Letztlich findet Nagel keine Antwort, sondern stellt weitergehende Aufgaben. Versuche, diese mit eigenen Beispielen und Fragen zu erläutern.

Der große Streit in Philosophie und Wissenschaft **A 6**

M 6 Weltbild

▶ **Auftrag**
Nagels Frage, wie die Welt verfasst sein muss, wird in diesem Comic beantwortet. Trifft die Darstellung auf den Menschen und seine Welt zu? Was stimmt, was stimmt nicht? Begründe deine Auffassung.

A 6 Der große Streit in Philosophie und Wissenschaft

M 7 Der Hirnforscher Wolf Singer: der freie Wille als Illusion

SPIEGEL: Sie behaupten also, der freie Wille sei nichts als eine nette Illusion?

Singer: Nicht ganz. Er wird von uns als Realität erlebt, und wir handeln und urteilen so, als gäbe es ihn. Der freie Wille, oder besser, die Erfahrung, einen solchen zu haben, ist somit etwas Reales, extrem Folgenreiches. Insofern, als sich die Mehrheit der Menschen zu dieser Erfahrung bekennt, ist sie also keine Illusion wie etwa eine Halluzination. Aber aus Sicht der Naturwissenschaft ergibt sich die mit der Selbstwahrnehmung unvereinbare Schlussfolgerung, dass der „Wille" nicht frei sein kann. Dieser Vorgang lässt sich in der Kindesentwicklung wunderbar nachvollziehen: Am Anfang trennen die Kleinen nicht zwischen sich und draußen. Für sie ist der Wille der Mutter ihr eigenes Anliegen. Sie empfinden sich nicht als Individuum und schon gar nicht als eines, das frei entscheiden kann. Doch das Baby ist eingebettet in ein soziales Umfeld, in dem es immer wieder hört: „Tu das nicht, sonst mache ich das." Nolens volens muss das Kind daraus schließen, es habe die Freiheit, Entscheidungen zu treffen. [...]

SPIEGEL: Ihre Zweifel am freien Willen des Menschen haben auch etwas Gespenstisches an sich: Würde sich, wenn sich diese Vorstellung durchsetzt, unser Menschenbild nicht völlig verändern?

Singer: Sicherlich, nur wäre das Menschenbild, das dabei entstünde, nicht ein gespenstisches, sondern ein im Vergleich zum heutigen vermutlich humaneres. Im vergangenen Jahrhundert wurden viele abnorme Hirnzustände entmystifiziert. Man hat zum Beispiel gelernt, dass Epilepsie keine Besessenheit ist, sondern einfach eine Entgleisung von Hirnstoffwechselprozessen. Zu ähnlichen Schlüssen werden wir auch im Hinblick auf abnorme Verhaltensweisen kommen. Nämlich dass es Störungen im Gehirn geben kann, die Menschen zu unangepasstem Verhalten veranlassen.

SPIEGEL: Aus Ihrer Vorstellung von der Nichtexistenz eines freien Willens folgen auch rechtliche Überlegungen: Der Mensch wäre nicht mehr verantwortlich für sein Tun. Müssen Sie dann nicht das Prinzip von Schuld und Sühne über Bord werfen?

Singer: Ja, ich halte dieses Prinzip für verzichtbar. An unserem Verhalten würde sich auch gar nicht viel ändern: Wir würden nach wie vor unsere Kinder erziehen, weil wir wüssten, dass wir ihnen und der Gesellschaft durch Erlernen sozialen Verhaltens das Leben erleichtern.

SPIEGEL: Aber ist dann nicht jede psychiatrische Feststellung von Schuldfähigkeit unsinnig, wenn man sowieso unterstellt, dass niemand schuldfähig ist?

Singer: Richtig. Unsere Sichtweise gegenüber Übeltätern würde sich eben ändern müssen. Man würde sagen: „Dieser arme Mensch hat Pech gehabt. Er ist am Endpunkt der Normalverteilung angelangt." Ob nun aus genetischen Gründen oder aus Gründen der Erziehung, die gleich mächtig in die Programmierung von Hirnfunktionen eingehen, ist unerheblich. Ein kaltblütiger Mörder hat eben das Pech, eine so niedrige Tötungsschwelle zu haben. Das heißt natürlich nicht, dass man deshalb tatenlos zusehen sollte. [...]

SPIEGEL: Demokratie und Aufklärung basieren auf der Idee eines freien Menschen. Stellen Sie nicht all das in Frage, wenn Sie nun plötzlich behaupten: alles bloße Illusion, was die sich in der Französischen Revolution ausgedacht haben?

Singer: Überhaupt nicht. Dass wir uns Freiheit zugestehen, ist eine Realität. Sie ist zwar nur aus der eigenen subjektiven Perspektive heraus erfahrbar. Aber das hat sie mit anderen kulturellen Realitäten gemein. Mit Wertesystemen verhält es sich genauso. Wie real diese Konstrukte sind, lässt sich aus ihrer Wirksamkeit schließen, etwa bei der Französischen Revolution.

SPIEGEL: Wenn der Einzelne keinen freien Willen besitzt, wo verankern wir dann die Menschenwürde?

Singer: Vielleicht entsteht eine ganz andere Vorstellung von Würde. Wir kämen durch die Aufgabe dieses unverbrüchlichen, aber auch mit sehr viel Selbstbewusstsein und gelegentlich Arroganz behafteten Freiheitsbegriffs wohl zu einer demütigeren, toleranteren Haltung. Wir müssten uns als in die Welt geworfene Wesen betrachten, die wissen, dass sie ständig Illusionen erliegen und keine wirklich stimmigen Erklärungen über ihr Sein, ihre Herkunft und noch viel weniger über ihre Zukunft abgeben können.

SPIEGEL: Wäre das nicht eine enorme Kränkung unseres Selbstbewusstseins?

Singer: Ich könnte mir vorstellen, dass dabei humanere Systeme entstehen, als wir sie jetzt haben. Auch würden all jene unglaubwürdig werden, die vorgeben, sie wüssten, wie das Heil zu finden ist. Den mächtigen Vereinfachern würde niemand folgen wollen. So könnte ein kritisches, aber gleichzeitig von Demut und Bescheidenheit geprägtes Lebensgefühl entstehen, das durchaus Grundlage einer sehr lebbaren Welt sein könnte. [...]

SPIEGEL-Gespräch mit Wolf Singer,
in: SPIEGEL spezial 4/2003, 1. November 2003.

M 8 Der Philosoph Peter Bieri: der Wille ist frei

Es gehört zu unserem Selbstverständnis, dass wir uns in unserem Tun und Wollen als frei erfahren. Wir erleben uns als Urheber unseres Handelns; wir haben den Eindruck, einer offenen Zukunft entgegenzugehen; wir betrachten uns als Wesen, die kraft dieser Freiheit für ihr Tun verantwortlich sind. Es müsste uns verstören, wenn sich herausstellte, dass diese Freiheitserfahrung nichts weiter ist als eine hartnäckige Illusion.

Nun scheint es manchen heute so, als zeigte die Hirnforschung genau das. Sie lehrt uns, dass es für alles Wollen und Tun neuronale Vorbedingungen gibt. Fänden nicht an bestimmten Stellen im Gehirn bestimmte Aktivitätsmuster statt, so vermöchten wir nichts zu wollen und zu tun. Und es scheint auch so, als ließen solche Entdeckungen nur den einen Schluss zu: dass unser Wollen und Tun keineswegs aus Freiheit geschieht, sondern als Folge eines neurobiologischen Uhrwerks, das unbeeinflussbar hinter unserem Rücken tickt. Gewiss, wir fühlen uns frei. Doch das Gefühl trügt: Wir sind es nicht. [...]

Es kann so aussehen, als würde diese Abhängigkeit psychologischer Eigenschaften von neurobiologischen Eigenschaften jede Willensfreiheit im Keim ersticken. [...]

Wie muss man sich die Freiheit gedacht haben, um von der Hirnforschung erschreckt werden zu können?

Es könnte einer erschrecken, weil er gedacht hatte, die Freiheit des Willens müsse darin bestehen, dass der Wille durch nichts bedingt sei. Dass er unter exakt denselben inneren und äußeren Bedingungen ganz unterschiedliche Wege nehmen könnte. Dass er in jedem Moment sein müsste wie ein unbewegter Beweger. Gesagt zu bekommen, dass es tausend Dinge im Gehirn gibt, von denen der Wille abhängt, ist dann ein Schock. [...]

Nur dann, wenn sich jemand die Freiheit des Willens auf so unplausible Weise denkt, kann er sie durch die Enthüllungen der Hirnforscher bedroht sehen. Sonst nicht. Und nur dann, wenn ein Hirnforscher insgeheim einer dieser ungereimten Vorstellungen von Freiheit anhängt, kann er glauben, dass seine Entdeckungen unser Selbstbild von willensfreien Personen zu erschüttern vermögen. [...]

Doch was für ein anderes Verständnis von Freiheit hat der Unerschrockene vorzuschlagen? Es ist im Kern dieses: Unser Wille ist frei, wenn er sich unserem Urteil darüber fügt, was zu wollen richtig ist. Und der Wille ist unfrei, wenn Urteil und Wille auseinander fallen - das ist der Fall beim Unbeherrschten, den seine übermächtigen Wünsche überrennen und zu einer Tat treiben, die er bei klarem Verstand verurteilt; und es ist der Fall beim inneren Zwang, wo wir gegen besseres Wissen einem süchtigen Willen erliegen. Die Unfreiheit zu überwinden und zur Freiheit zurückzufinden heißt jeweils, Urteilen und Wollen wieder zur Deckung zu bringen und eine Plastizität des Willens zurückzugewinnen, die in dem Gedanken Ausdruck findet: Ich würde etwas anderes wollen und tun, wenn ich anders urteilte. Das nämlich ist die richtig verstandene Offenheit der Zukunft. [...] Neurobiologische Entdeckungen können Willensfreiheit nicht als Illusion entlarven. Wenn sie etwas entlarven, dann nur metaphysische Missverständnisse von Freiheit. Und um sie zu entlarven, brauchen wir die Neurobiologie eigentlich gar nicht. Klares Denken genügt. [...]

Die neurobiologische Herausforderung trifft uns, weil sie die Idee der Verantwortung und den Sinn moralischer Empfindungen in Frage stellt. Hätte die Hirnforschung die Willensfreiheit widerlegt, so müssten wir umdenken: Therapie statt Schuld und Sühne, Mitleid statt Groll und Empörung. Es wäre eine Revolution in unserem Menschenbild. Ist sie nötig?

Nein, denn diejenige Freiheit, die durch keine Hirnforschung widerlegt werden kann, reicht für Verantwortung. Wir knüpfen Verantwortung nicht an einen unbewegten Beweger oder einen nicht-physischen Willen. Wir prüfen, ob jemand denkend Kontrolle über seinen Willen auszuüben vermochte oder nicht. Im ersten Fall schreiben wir Verantwortung zu, im anderen nicht. [...]

Wir brauchen kein neues Menschenbild, wir müssen das alte nur richtig verstehen.

der SPIEGEL 2/2005, S. 124/125

▶ Aufträge
1. Welche Auffassung vertritt Singer (M 7), welche Bieri (M 8)? Welche Konsequenzen ergeben sich jeweils aus den beiden Auffassungen, z. B. für den Begriff der Verantwortung oder für die Rechtssprechung?
2. Bieri meint, dass die Erkenntnisse der Hirnforschung die Freiheit des Willens nicht widerlegen könnten. Wie begründet er dies? Überzeugen dich seine Argumente?
3. Singer spricht von einer grundlegenden Veränderung unseres Bildes vom Menschen, unseres Selbstverständnisses. Was meint er damit? Was könnte man ihm mit Bieri entgegenhalten?

A 7 Freiheit in der Lebenspraxis

M 1 Freiheit im Grundgesetz

Artikel 1
(Menschenwürde, Grundrechtsbindung der staatlichen Gewalt)

(1) Die Würde des Menschen ist unantastbar. Sie zu achten und zu schützen ist Verpflichtung aller staatlichen Gewalt.
(2) Das Deutsche Volk bekennt sich darum zu unverletzlichen und unveräußerlichen Menschenrechten als Grundlage jeder menschlichen Gemeinschaft, des Friedens und der Gerechtigkeit in der Welt.
(3) Die nachfolgenden Grundrechte binden Gesetzgebung, vollziehende Gewalt und Rechtsprechung als unmittelbar geltendes Recht.

Artikel 2
(Handlungsfreiheit, Freiheit der Person)

(1) Jeder hat das Recht auf freie Entfaltung seiner Persönlichkeit, soweit er nicht die Rechte anderer verletzt und nicht gegen die verfassungsmäßige Ordnung oder das Sittengesetz verstößt.
(2) Jeder hat das Recht auf Leben und körperliche Unversehrtheit. Die Freiheit der Person ist unverletzlich. In diese Rechte darf nur auf Grund eines Gesetzes eingegriffen werden.

Artikel 3
(Gleichheit vor dem Gesetz)

(1) Alle Menschen sind vor dem Gesetz gleich.
(2) Männer und Frauen sind gleichberechtigt.
(3) Niemand darf wegen seines Geschlechtes, seiner Abstammung, seiner Rasse, seiner Sprache, seiner Heimat und Herkunft, seines Glaubens, seiner religiösen oder politischen Anschauungen benachteiligt oder bevorzugt werden.

Artikel 4
(Glaubens-, Gewissens- und Bekenntnisfreiheit)

(1) Die Freiheit des Glaubens, des Gewissens und die Freiheit des religiösen und weltanschaulichen Bekenntnisses sind unverletzlich.
(2) Die ungestörte Religionsausübung wird gewährleistet.
(3) Niemand darf gegen sein Gewissen zum Kriegsdienst mit der Waffe gezwungen werden. Das Nähere regelt ein Bundesgesetz.

Artikel 5
(Meinungsfreiheit)

(1) Jeder hat das Recht, seine Meinung in Wort, Schrift und Bild frei zu äußern und zu verbreiten und sich aus allgemein zugänglichen Quellen ungehindert zu unterrichten. Die Pressefreiheit und die Freiheit der Berichterstattung durch Rundfunk und Film werden gewährleistet. Eine Zensur findet nicht statt.
(2) Diese Rechte finden ihre Schranken in den Vorschriften der allgemeinen Gesetze, den gesetzlichen Bestimmungen zum Schutz der Jugend und in dem Recht der persönlichen Ehre.
(3) Kunst und Wissenschaft, Forschung und Lehre sind frei. Die Freiheit der Lehre entbindet nicht von der Treue zur Verfassung.

Grundgesetz der Bundesrepublik Deutschland

▶ **Aufträge**
1. Um welche Arten von Freiheit geht es hier? Lege eine Liste an und finde für jede Art von Freiheit ein Beispiel. Sammle in der Tageszeitung Fälle, die zu den Artikeln passen.
2. Wo findet die Freiheit des Einzelnen ihre Grenze?
3. Was haben diese Freiheiten mit dem Problem von Selbstbestimmung und Fremdbestimmung zu tun?
4. Erläutere, ob diesen Formulierungen eine Idee von Willensfreiheit zugrunde liegt oder auch der Gedanke des Determinismus.

Freiheit in der Lebenspraxis **A 7**

M 2 Bildung: Einfluss und Befreiung

Niemand kann dir die Brücke bauen, auf der gerade du über den Fluss des Lebens schreiten musst, niemand außer dir allein. Zwar gibt es zahllose Pfade und Brücken und Halbgötter, die dich durch den Fluss tragen wollen; aber nur um den Preis deiner selbst; du würdest dich verpfänden und verlieren. Es gibt in der Welt einen einzigen Weg, auf welchem niemand gehen kann, außer dir: wohin er führt? Frage nicht, gehe ihn. Wer war es, der den Satz aussprach: „ein Mann erhebt sich niemals höher, als wenn er nicht weiß, wohin sein Weg ihn noch führen kann"?

Aber wie finden wir uns selbst wieder? Wie kann sich der Mensch kennen? Er ist eine dunkle und verhüllte Sache; und wenn der Hase sieben Häute hat, so kann der Mensch sich sieben mal siebzig abziehn und wird doch nicht sagen können: „das bist du nun wirklich, das ist nicht mehr Schale." Zudem ist es ein quälerisches gefährliches Beginnen, sich selbst derartig anzugraben und in den Schacht seines Wesens auf dem nächsten Wege gewaltsam hinabzusteigen. Wie leicht beschädigt er sich dabei so, dass kein Arzt ihn heilen kann. Und überdies: wozu wäre es nötig, wenn doch alles Zeugnis von unserm Wesen ablegt, unsre Freund- und Feindschaften, unser Blick und Händedruck, unser Gedächtnis und das, was wir vergessen, unsre Bücher und die Züge unsrer Feder. Um aber das wichtigste Verhör zu veranstalten, gibt es dies Mittel. Die junge Seele sehe auf das Leben zurück mit der Frage: was hast du bis jetzt wahrhaft geliebt, was hat deine Seele hinangezogen, was hat sie beherrscht und zugleich beglückt? Stelle dir die Reihe dieser verehrten Gegenstände vor dir auf, und vielleicht ergeben sie dir, durch ihr Wesen und ihre Folge, ein Gesetz, das Grundgesetz deines eigentlichen Selbst. Vergleiche diese Gegenstände, sieh, wie einer den andern ergänzt, erweitert, überbietet, verklärt, wie sie eine Stufenleiter bilden, auf welcher du bis jetzt zu dir selbst hingeklettert bist; denn dein wahres Wesen liegt nicht tief verborgen in dir, sondern unermesslich hoch über dir oder wenigstens über dem, was du gewöhnlich als dein Ich nimmst. Deine wahren Erzieher und Bildner verraten dir, was der wahre Ursinn und Grundstoff deines Wesens ist, etwas durchaus Unerziehbares und Unbildbares, aber jedenfalls schwer Zugängliches, Gebundenes, Gelähmtes: deine Erzieher vermögen nichts zu sein als deine Befreier. Und das ist das Geheimnis aller Bildung: sie verleiht nicht künstliche Gliedmaßen, wächserne Nasen, bebrillte Augen, – vielmehr ist das, was diese Gaben zu geben vermöchte, nur das Afterbild der Erziehung. Sondern Befreiung ist sie, Wegräumung alles Unkrauts, Schuttwerks, Gewürms, das die zarten Keime der Pflanzen antasten will, Ausströmung von Licht und Wärme, liebevolles Niederrauschen nächtlichen Regens, sie ist Nachahmung und Anbetung der Natur, wo diese mütterlich und barmherzig gesinnt ist, sie ist Vollendung der Natur, wenn sie ihren grausamen und unbarmherzigen Anfällen vorbeugt und sie zum Guten wendet, wenn sie über die Äußerungen ihrer stiefmütterlichen Gesinnung und ihres traurigen Unverstandes einen Schleier deckt.

Gewiss, es giebt wohl andre Mittel, sich zu finden, aus der Betäubung, in welcher man gewöhnlich wie in einer trüben Wolke webt, zu sich zu kommen, aber ich weiß kein besseres, als sich auf seine Erzieher und Bildner zu besinnen.

Friedrich Nietzsche, Unzeitgemäße Betrachtungen, Kröner, Stuttgart 1976, S. 202 f.

▶ Aufträge

1. Wie beschreibt Nietzsche den Fluss des Lebens und den Weg jedes einzelnen Menschen?
2. Nenne einige der Gefahren und möglichen Beschädigungen des Selbst, wenn es nach sich gräbt bzw. versucht, alle Schalen um sich herum abzuziehen.
3. Worin, meint Nietzsche, erkennen wir uns selbst?
4. Was leistet Bildung? Beschreibe in deinen Worten ihre Aufgaben und Folgen. Nenne Gründe, warum Nietzsche Bildung als Befreiung beschreibt.
5. Schreibe deine eigene Bildungsgeschichte auf. Welcher Schutt musste dabei weggeräumt werden; was möchtest du nachahmen und was vollenden?

A 7 Freiheit in der Lebenspraxis

M 3 Freiheit als Befreiung: die Aneignung des Willens

Der Philosoph Peter Bieri fasst die Ergebnisse seines Nachdenkens über die Freiheit des Willens zusammen: Das Selbst muss daran arbeiten, sich seinen Willen immer wieder anzueignen. Es geht also nicht bloß um einzelne Entscheidungen, sondern um einen stetigen, lebenslangen Prozess der Willensbildung.

Als Leitlinie kann uns ein Gedanke dienen, der bereits in der Analyse des Entscheidens eine wichtige Rolle spielte. Es ist der Gedanke, dass wir, indem wir die Freiheit der Entscheidung ausüben, etwas mit uns und
5 für uns machen. Indem wir durch Überlegen und durch das Spiel der Phantasie einen Willen ausbilden, arbeiten wir an uns selbst. Wir geben dem Willen ein Profil, das vorher nicht da war. In diesem Sinn ist man nach einer Entscheidung ein anderer als vorher. Dieser gestaltende,
10 schöpferische Aspekt des Entscheidens beruht [...] auf der Fähigkeit, einen inneren Abstand zu uns selbst aufzubauen und uns dadurch in unserem Willen zum Thema zu werden. Und es ist nun wiederum diese Fähigkeit, die uns zu einer Freiheit des Willens verhelfen kann, die
15 über die Freiheit der Entscheidung [...] hinausgeht.
[...] die Freiheit des Willens ist etwas, das man sich *erarbeiten* muss. Man kann dabei mehr oder weniger erfolgreich sein, und es kann Rückschläge geben. Was man an Freiheit erreicht hat, kann wieder verloren ge-
20 hen. Willensfreiheit ist ein zerbrechliches Gut, um das man sich stets von neuem bemühen muss. Und es ist dieser Idee zufolge eine offene Frage, ob man sie jemals in vollem Umfang erreicht. Vielleicht ist sie eher wie ein Ideal, an dem man sich orientiert, wenn man sich
25 um seinen Willen kümmert.

Die Gesamtheit der Dinge, die man unternehmen kann, um diesem Ideal näher zu kommen, werde ich die *Aneignung* des Willens nennen, und entsprechend werde ich vom freien Willen als dem *angeeigneten* Willen
30 sprechen. Man kann an dieser Aneignung drei Dimensionen unterscheiden. Die eine ist die Dimension der *Artikulation*. Hier geht es um Klarheit darüber, was genau es ist, was man will. Entsprechend ist die Unfreiheit zu verstehen als der Zustand der Ungewissheit über das,
35 was man will, eine Ungewissheit, die wie ein Gefängnis sein kann. Eine zweite Dimension der Aneignung betrifft die Anstrengung, den eigenen Willen zu *verstehen*. Wir können einen Willen als unfrei erfahren, weil er sich unserem Verständnis widersetzt und uns in
40 diesem Sinne als fremd erscheint. Ihn sich anzueignen, bedeutet dann, den Eindruck der Fremdheit aufzulösen, indem man nach einer Betrachtungsweise sucht, die ein neues Verständnis ermöglicht. In einer dritten Dimension der Aneignung schließlich geht es um die *Bewer-*
45 *tung* des eigenen Willens. Ein Wille kann einem auch deshalb als unfrei und fremd erscheinen, weil man ihn ablehnt.

Peter Bieri, Das Handwerk der Freiheit. Über die Entdeckung des eigenen Willens, Fischer, Frankfurt a. M. 2003, S. 382 ff.

▶ Aufträge

1. Stell dir vor, du tust Dinge regelmäßig und fühlst dich dabei eigentlich nicht wohl. Zum Beispiel trinkst du jeden Tag Alkohol oder rauchst oder trainierst wie besessen eine Sportart. Aber du spürst, dass da irgendetwas nicht stimmt. Schreibe ein solches Beispiel für dich auf.
2. Führe nun die drei Aufgaben durch, die Bieri beschreibt: Artikulation (Klarheit über das gewinnen, was man will), Verstehen (das Fremde des eigenen Willens an diesem Punkt auflösen), Bewertung.
3. Was kommt dabei heraus? Worin besteht dein eigentlicher Wille, den du dir nun angeeignet hast? Schreibe auch auf, was die Konsequenzen sein müssen. Was musst du ändern?

M 4 Der Zusammenhang zwischen der Aneignung des Willens und dem Selbst

Ich will den Gedanken einer relativen Aneignung, die sich in einer fließenden Innenwelt vollzieht, abrunden, indem ich die Idee eines *Selbst* betrachte. Sie nimmt ein Thema auf, dem wir [...] immer wieder begegnet sind: Es gehört zur Freiheitserfahrung, dass wir Urheber, Subjekt oder Autor nicht nur unseres Tuns, sondern auch unseres Wollens sind.

Was sich in diesem Sinne nach innen ausweitet und durch zunehmende Integration von zuvor unverstandenen oder geächteten Wünschen an Umfang und Stärke gewinnt, ist das, was man ein Selbst nennen kann. Seine Entwicklung ist prinzipiell mit der Fähigkeit des inneren Abstands gegeben, den wir uns gegenüber einnehmen können. Entsprechend ist der Getriebene eine Figur, die kein Selbst ausbilden kann. Ein Selbst zu haben, bedeutet, mit sich selbst die Erfahrung einer gewissen *Kontinuität* zu machen. Diese Kontinuität fehlt dem Getriebenen, denn seine Innenwelt ist bestimmt durch Wünsche, die aufflackern und verlöschen, ohne sich unter einem verstehenden und bewertenden Blick zu einem Ganzen zu fügen. Freilich darf man diese Kontinuität nicht missverstehen. Damit kann nicht Gleichheit des Willens über die Zeit gemeint sein, denn sie müsste Unbelehrbarkeit bedeuten, wie sie einem unbedingten oder zwanghaften Willen eigen wäre. Gemeint ist eine Stimmigkeit des Willens, die sich über die Veränderung des Gehalts hinweg fortschreibt. Die Erfahrung solcher Stimmigkeit ist etwas Zerbrechliches, das vorübergehend verloren gehen kann. Das geschieht in denjenigen Phasen – etwa Lebenskrisen –, in denen sich eine größere Umwertung des bisherigen Willens vollzieht. Es kann mir dann geschehen, dass ich weder mit dem alten Selbstbild noch mit denjenigen Wünschen identifiziert bin, die seine Erosion herbeigeführt haben. Übergangsphasen dieser Art erleben wir als Zeiten, in denen das Selbst insgesamt in Gefahr gerät. In der Rückschau können sie uns als Stationen der Befreiung erscheinen. Doch während wir sie durchleben, gibt es tausend Schattierungen des Übergangs, wo nicht klar ist, ob es treffender ist, von Freiheit zu sprechen als von Unfreiheit. Und es ist *wesentlich* für die Idee des freien als des angeeigneten Willens, dass es Zeiten gibt, wo diese Frage nicht entscheidbar ist.

Die Aneignung des Willens ist nicht etwas, was ein Selbst, das es zuvor schon gibt, in Gang setzt. *Das Selbst ist, umgekehrt, etwas, das sich erst durch die Aneignung herausbildet.*

[...] Ich, die ganze Person, kann eine Vielfalt von Vorkehrungen treffen, um meine Willensbildung zu beeinflussen. Doch dann, wenn ich mir die Bühne gebaut habe, läuft das innere Drama der gelungenen oder misslungenen Aneignung ab, ohne dass hinten im Dunkeln noch ein Regisseur säße. Das Bröckeln alter Bewertungen und vermeintlicher Einsichten, den Willen betreffend, und das Entstehen neuer Strukturen – all das gleicht eher einer geologischen Umschichtung als einem planvollen Spiel.

Weil das so ist, kann man mit einer gewissen Überspitzung sagen: Willensfreiheit ist ein Stück weit *Glückssache*. Es ist nicht nur Glückssache, was für ein Los man in der natürlichen Lotterie zieht. Man kann auch darin Glück oder Pech haben, wie mühelos oder mühevoll all die Dinge sind, die zusammenkommen müssen, damit man etwas aus Freiheit wollen kann. Damit hängt zusammen, dass der Prozess der Aneignung selten linear und verlässlich ist; auf einen Schritt vorwärts folgen nicht selten zwei rückwärts. Sich seinen Willen anzueignen ist ein holpriger Prozess mit Rückschlägen. Es gibt keine reibungslose Alchemie der Aneignung. Auch die ein für allemal erreichte Freiheit des Willens, auf der man sich für immer ausruhen könnte, gibt es nicht. Man gerät stets von neuem in Strudel des Erlebens, die einen im Willen taumeln lassen und dazu zwingen, die Anstrengung der Aneignung zu unternehmen. Ob solche Anstrengungen je dazu führen, dass unser Wille die volle Transparenz und Stimmigkeit erreicht, von der ich gesprochen habe, ist zweifelhaft. Vielleicht ist Willensfreiheit [...] in ihrer vollkommenen Ausprägung eher ein Ideal als eine Wirklichkeit.

Peter Bieri, Das Handwerk der Freiheit. Über die Entdeckung des eigenen Willens, Fischer, Frankfurt a. M. 2003, S. 410 ff.

▶ Aufträge

1. Überlege, was mit dem inneren Abstand gemeint ist. Wie lässt er sich einüben? Denke dabei an die Unterscheidung zwischen Selbst und Rollen, Identität und Maske.
2. Das „Selbst" durchläuft in seiner Entwicklung Stationen der Befreiung. Schildere mindestens drei solcher Situationen. Benenne auch die dazu gehörigen Formen der Unfreiheit.
3. Stelle einige Regeln auf, die für die tägliche Aneignung des Willens nützlich und wertvoll sind. Tauscht euch über eure Regeln aus. Gestaltet ein Plakat dazu.

A 8 Das Spektrum der Gefühle

M 1 ES GIBT VIELE GEFÜHLE

▶ Aufträge
1. Was für Gefühle werden hier ausgelöst?
2. Wähle selbst Möglichkeiten, Gefühle auszulösen, die du zeichnerisch darstellen kannst.
3. Denkt euch zu jedem der Gefühle zu zweit eine Situation aus und spielt sie.
4. Welche Gefühle kommen besonders häufig in alltäglichen Situationen vor? Welche Anlässe gibt es dafür?

Das Spektrum der Gefühle A 8

M 2

Schreibt unterschiedliche Gefühle auf kleine Kärtchen und lasst jeden in der Gruppe ein Kärtchen ziehen.

In der 1. Spielrunde soll jeder ein Gesicht malen, das dieses Gefühl, welches auf seinem Kärtchen steht, ausdrückt. Dann werden die gemalten Gesichter vorgestellt und jeder
5 kann raten, um welches Gefühl es sich jeweils handelt.

In der 2. Spielrunde überlegt sich jeder ein Symbol oder eine Farbe, die am besten zu dem Gefühl passt. Anschließend kann wieder geraten werden, welches Gefühl jeweils ausgedrückt werden sollte.

In der 3. Spielrunde soll das Gefühl durch eine kleine Pantomime dargestellt werden.
10 Dabei könnt ihr auch zu zweit arbeiten.

Damit es nicht langweilig wird, solltet ihr die Kärtchen in jeder Spielrunde neu ziehen.

Richard Breun (Hrsg.), Leben leben. Ethik 5/6, Klett, Leipzig 1999, S. 36.

M 3 ABC der Gefühle

A .... N ....
B .... O ....
C .... P ....
D ankbarkeit   Q ....
E .... R ....
F .... S ....
G .... T ....
H .... U ....
I .... V ....
J .... W ut
K .... X ....
L .... Y ....
M itleid   Z ....

▶ **Auftrag**

Erstelle ein ABC der Gefühle und überlege zu jedem Gefühl, ob es ein eher positives oder eher negatives ist.

A 8 Das Spektrum der Gefühle

M 4 Angst

1. Ein Erwachsener hat keine Angst.
2. Das beste Mittel gegen Angst ist, nicht an sie zu denken.
3. Angst ist ein schlechtes Gefühl.
4. Nur Feiglinge haben Angst.
5. Kluge Kinder haben keine Angst.
6. Jeder Mensch hat immer wieder Angst.
7. Wer Angst hat, ist dumm.

▶ Aufträge
1. Was hältst du von den Aussagen in M 4? Formuliere auch selbst eine solche Aussage.
2. Überlegt, welche Sätze ihr richtig findet und welche nicht. Welche Gegenbeispiele fallen euch ein? Wenn ihr einem Satz nicht zustimmt, verändert ihn, bis er für euch stimmt.
3. In welchen Redewendungen kann man Angst ausdrücken (z. B. die Hosen voll haben usw.)? Auf welche körperlichen Vorgänge zielt das? Ist die Angst überflüssig und ein schlechtes Gefühl oder ist sie zu etwas gut? Nenne Beispiele.

M 5 Wut

▶ Aufträge
1. Welche Redewendungen werden durch diese Bilder beschrieben? Welche beschreiben die Wut so, wie du sie selbst kennst?
2. Welche anderen Wörter für „wütend sein" gibt es? Wie kann man es beschreiben, ohne solche Gefühlswörter zu benutzen?
3. Stellt euch eine Situation vor, in der ihr so richtig Wut hattet, sie aber nicht ganz rauslassen durftet. Lasst den Ärger noch einmal in euch aufsteigen. Malt eure Wut. Ihr könnt auch andere Gefühle malen und eine Ausstellung gestalten.
4. Wie gehst du mit deiner Wut um? Wie kann man so mit ihr umgehen, dass man niemanden schädigt? Wie fühlt man sich danach?

Das Spektrum der Gefühle A 8

M 6 Die Kulturabhängigkeit von Gefühlen

Die Ethnologin Jean L. Briggs hat über die Utkuhikhalingmiut- (kurz: Utku-) Eskimos im Nordwesten Kanadas berichtet. Ihr Buch heißt „Niemals im Zorn" (Never in Anger, Cambridge, Mass. 1970) und versucht nachzuweisen, dass diese Eskimos in keiner Situation zornig reagieren. Die Frage ist, ob sie keinen Ausdruck des Zorns zeigen (ihn nicht zeigen wollen, weil das sozial sanktioniert ist, oder nicht zeigen können, weil keine Ausdrucksform dafür zur Verfügung steht) oder tatsächlich keinen Zorn verspüren. Briggs meint, dass sie weder Ausdrucksmittel für Zorn haben noch welchen fühlen. Bei kleinen Kindern lassen die Utku den Zorn noch zu, dann aber akzeptieren sie ihn nicht mehr, weil er kindisch sei und zeige, dass man sich mit den unvermeidlichen Realitäten der Welt nicht abgefunden habe. Die Utku versuchen, ihren Kindern *ihuma* anzuerziehen, so etwas wie „Gleichmut unter wechselnden Umständen", denn für die Utku gilt, dass Zorn Anschauungen und Strukturen enthält, die ihrer gleichmütigen Weltsicht ungerechtfertigt erscheinen. Die Weltanschauung der Utku, ihre Haltung gegenüber der Welt, ist also eine andere als unsere.

Beim Erwerb bestimmter Gefühle spielt sich ein sozialer Lernprozess ab, der zu kulturell unterschiedlichen Gefühlslagen führt. Ein Beispiel: Die Ethnologin C. Lutz befand sich im Rahmen ihrer Forschungen „[...] auf Ifaluk, einem kleinen Korallenatoll im westlichen Pazifik. Während sie vor dem Haus eines kranken Dorfbewohners sitzt, bei dem sie zu Besuch ist, unterhält sie sich mit der Frau, die neben ihr Platz genommen hat. Da kommt ein vierjähriges Mädchen heran, führt ein kleines Tänzchen auf und schneidet Grimassen. Lutz lächelt über diese Mätzchen, woraufhin sie von der Frau gerügt wird: „Sie dürfen sie nicht anlächeln, sonst glaubt sie, Sie seien nicht *song* (d. h. berechtigterweise ungehalten)." [...] Auf Ifaluk herrscht die Ansicht, dass Ausgelassenheit oder Aufregung bei Kindern zu Ungezogenheiten führt. Die drohende Ungezogenheit soll abgewehrt werden, indem man sich *song* zeigt, anstatt darüber lächelnd hinwegzusehen. Der Ausdruck berechtigten Ärgers erzeugt *metagu* (d. h. Furcht oder Angst) beim Kind. Diese Geschichte [...] zeigt, wie man sich bemüht, die gewünschte emotionale Reaktion im Kind hervorzurufen: *Song* wird eingesetzt, um das Kind dahin zu bringen, dass es den ungebremsten Ausdruck seiner Aufregung als ungehörig betrachtet und die entsprechende Emotion *(metagu)* verspürt, wenn es sich so verhält."

nach: Paul L. Harris, Das Kind und die Gefühle. Wie sich das Verständnis für die anderen Menschen entwickelt, Bern, Göttingen, Toronto, Seattle 1992, S. 107.

▶ Aufträge

1. Wie kann die Forscherin etwas über die Gefühle der ihr völlig fremden Menschen einer anderen Kultur feststellen? Woran kann man die Gefühle eines fremden Menschen erkennen? Wie sicher kann man sich in seinen Einschätzungen sein? Woher kann man wissen, was der andere nicht fühlt?
2. Wie gehen wir in unserer Kultur mit Zorn um? Wie darf man ihn ausdrücken, wie nicht?
3. Welche Gefühle werden in unserer Kultur akzeptiert, welche eher nicht? Welche erscheinen uns ungerechtfertigt? Welche Haltung(en) gegenüber der Welt, zu unserem Leben, zu anderen Menschen lernen wir? Welche sollten wir lernen?
4. Welche Prozesse des Erlernens von Gefühlen kennst du aus unserer Kultur? Schildere einige solcher Lern- und Erziehungsvorgänge. Inszeniert sie gemeinsam.

A 9 Verstand kommt von Verstehen

M 1 Verstehen

(1) Der Motorenlärm störte unser Gespräch. „Ich verstehe nicht, was du sagst."
(2) Hans sprach sehr undeutlich. Die Lehrerin sagte: „Ich verstehe nicht, was du sagst."
(3) Anna sprach sehr leise. Der Lehrer sagte: „Ich verstehe nicht, was du sagst."
(4) Cem sprach Türkisch mit Fatima. Klaus sagte: „Ich verstehe nicht, was du sagst."

(5) Hanne benutzte viele Fremdwörter. Matthias sagte: „Ich verstehe nicht, was du meinst."
(6) Helmut und Helga stritten sich: „Ich kann dich einfach nicht verstehen", sagten beide.
(7) Cornelia verteidigte ihr Verhalten gegenüber Max. Der sagte: „Ich verstehe es trotzdem nicht. Warum hast du das getan?"
(8) Thomas konnte sein Fahrrad nicht reparieren. Er fragte Claudia: „Verstehst du etwas von Fahrrädern?"

(9) Claudia saß ratlos vor der Rechenaufgabe. Sie fragte Thomas: „Verstehst du die Aufgabe?"
(10) Im Geschichtsunterricht sagte Teresa: „Ich verstehe nicht, warum es zum Krieg kommen musste."
(11) Im Deutschunterricht lasen sie Goethe. Matthias sagte: „Ich verstehe den Text nicht."
(12) Im Kunstunterricht schauten sie sich ein modernes Bild an. „Ich verstehe das nicht", sagten fast alle in der Klasse.

(13) Im Urlaub war die Familie in Afrika. Moritz sagte: „Ich verstehe nicht, warum die so tanzen und trommeln."
(14) Auf dem Oktoberfest in München sagte der Japaner: „Ich verstehe nicht, warum die bis in die Nacht hinein zusammensitzen und Bier trinken."
(15) Der Schwerkranke sagte: „Ich verstehe nicht, warum ich so krank sein muss. So hat mein Leben keinen Sinn mehr."
(16) Voller Verzweiflung sagte er: „Ich verstehe das Leben nicht mehr."

▶ **Aufträge**

Im Alltag und auf verschiedenen Wissensgebieten geht es ständig darum, etwas zu verstehen bzw. besser zu verstehen. Je nach Situation, Absicht, Zielrichtung usw. gibt es ganz unterschiedliche Formen des Verstehens.

1. Lies zunächst die Sätze (1) bis (16) und stelle fest, worum es jeweils geht: Was soll verstanden werden bzw. was wird nicht verstanden?
2. Bildet vier Gruppen, die jeweils vier der Sätze auswählen – also: (1) bis (4), (5) bis (8), (9) bis (12), (13) bis (16). Findet in der Gruppe heraus, welche Bedingungen erfüllt sein müssen, damit in jedem der Fälle das Verstehen zustande kommt. Sprecht auch darüber, ob das Verstehen jeweils vollständig und umfassend sein kann oder ob es nie an ein Ende kommt.
3. Formuliert zu jedem Beispiel Regeln, die man einhalten muss, um zu verstehen bzw. sich verständlich zu machen. Was kann man selbst tun, um jeweils das Verstehen zu verbessern?

Verstand kommt von Verstehen — A 9

M 2 Was der Verstand tut: Zwecke setzen

Um etwas zu verstehen, muss der Verstand einen Zweck, ein Ziel, eine Absicht, einen Sinn erkennen. Um das Fundament zu einer Handlung zu legen, muss der Verstand Zwecke setzen, ein Ziel anstreben, eine Absicht verfolgen, einen Sinn finden. Wenn der Mensch Zwecke setzt und alles andere als Mittel zur Erreichung eines solchen Zweckes berechnend und strategisch einsetzt, spricht man auch von Zweckrationalität (von lat.
5 *ratio*: Verstand, Vernunft). Man erhebt den Erfolg zum entscheidenden Merkmal dafür, ob die Handlung gelungen ist oder nicht, übersieht dabei aber den Eigenwert der benutzten Mittel.

Richard Breun

▶ **Auftrag**
In welchem Verhältnis stehen Gefühle zu zweckrationalem Handeln?
Suche Beispiele (etwa: Enttäuschung aufgrund eines verfehlten Ziels, Begehren im Hinblick auf ein angestrebtes Ziel usw.).

M 3 Was der Verstand tut: Erforschung eines Begriffs

	wie ein Freund	nicht wie ein Freund	weiß nicht/unsicher
1. Max überredet Moritz zum Schnapstrinken, obwohl der eigentlich nicht möchte.	☐	☐	☐
2. Hans hält Franz davon ab, zu schnell zu fahren, obwohl der eigentlich möchte.	☐	☐	☐
3. Die Lehrerin unterstützt Martin sehr, damit er besser rechnet.	☐	☐	☐
4. Anna beschimpft Claudia, entschuldigt sich dann am nächsten Tag dafür.	☐	☐	☐
5. Otto lässt Alfred beim Schach gewinnen, damit der ihm weiterhin sein Fahrrad ausleiht.	☐	☐	☐
6. Elli kümmert sich um die neue Schülerin, damit diese Anschluss findet.	☐	☐	☐
7. Maria bespricht alle ihre Probleme mit Susi.	☐	☐	☐
8. Erwin bespricht alle seine Probleme mit seinem Vater.	☐	☐	☐

▶ **Aufträge**
1. Wie würdest du diese Situationen einschätzen? Benimmt sich hier jemand wie ein Freund? Du solltest deine Antwort begründen können.
2. Wähle selbst einen Begriff (z. B. Tyrann) und baue eine entsprechende Übung auf. Führt wechselseitig eure Übungsvorschläge durch.

A 9 Verstand kommt von Verstehen

M 4 Was der Verstand tut: Gegensätze und Bedeutungsabstufungen

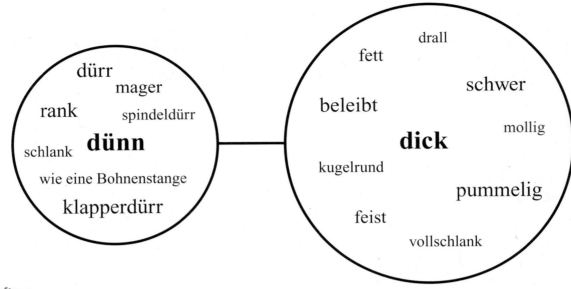

▶ Auftrag
Verfahre genauso mit anderen Gegensatzpaaren.

M 5 Was der Verstand tut: Klassifikationen

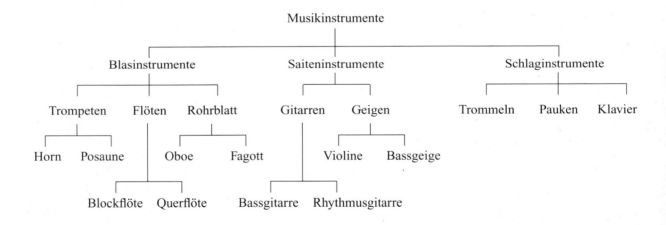

▶ Auftrag
Versuche es ebenso mit dem Stichwort Gefühle. Welche Klassifikationen sind hier möglich? Als Anhaltspunkt mögen folgende Fragen dienen: Sind sie eher positiv oder negativ, können sie moralischer Natur sein oder nicht, sind sie intentional auf einen Gegenstand gerichtet oder nicht, kann man sie willkürlich erzeugen oder nicht?

Verstand kommt von Verstehen A 9

M 6 Was der Verstand tut: Analysieren, Konsens finden

Lüneburger Heide
3 – Tage – Reise

Folgende Unterbringungsmöglichkeiten stehen zur Verfügung:
Heubettenhotel in Kirchboitzen – ein richtiger Bauernhof mit Schweinen, Hunden, Katzen, Federvieh und Ponys. In der großen Scheune befinden sich je 3 Duschen/WC für Mädchen und Jungen und der Aufenthaltsraum, der gleichzeitig Speiseraum ist. Im Dachboden der Scheune könnt ihr euer Bett im Heu aufschlagen. Schlafsack, Jogginganzug und warme Socken sind für diesen rustikalen und preisgünstigen Aufenthalt mitzubringen.

Unsere Leistungen
• 2 x Übernachtung mit Halbpension in der gewünschten Unterkunft
• Unterbringung der Lehrer in DZ und EZ, soweit möglich

Programmvorschlag
1. Tag: Anreise mit Halt im Naturpark Südheide,
Heideromantik wie aus dem Bilderbuch erwartet euch bei einer kleinen Wanderung um den Heidesee
2. Tag: Tagesausflug in den Safari-Serengeti-Park
Erlebt die Vielfalt der Tierwelt während einer Rundfahrt mit fachkundiger Führung im Serengeti-Bus. Danach könnt ihr nach Herzenslust Riesenrad und Piraten-Schiffsschaukel im Wunderland und die neue Wildwasserbahn im Wasserland genießen.
3. Tag: Auf der Heimreise empfehlen wir euch einen Halt in Hannover.

Weitere Freizeitmöglichkeiten
Ausflug zum Vogelpark Walsrode oder
in den Heidepark Soltau
Besuch des Dinosaurierparks Münchehagen
Badespaß in der Soltau-Therme

3 – Tage – Reise BERLIN

Euer Jugendgästehaus liegt 40 km von Berlin entfernt in der Nähe von Oranienburg, in typisch märkischer Landschaft, nur fünf Minuten zu Fuß vom Grabower See entfernt. Ihr seid in 4-, 6- und 8-Bett-Zimmern untergebracht. Ein zentraler Sanitärtrakt verfügt über getrennte WC, Wasch- und Duschräume. Aufenthaltsraum mit TV, Fahrradverleih, Spielgeräteverleih und Tischtennisplatten.

Unsere Leistungen
• 2 x Übernachtung mit Vollpension
• Unterbringung der Lehrer im DZ, soweit möglich
• Stadtrundfahrt Berlin

Freizeitmöglichkeiten
Kremserfahrt im Unterbringungsort
Besuch des FEZ in Wuhlheide
Fahrt nach Lübbenau mit Spreewaldkahnfahrt

Programmvorschlag
1. Tag
Anreise mit Halt in Berlin. Während einer ausführlichen Stadtrundfahrt am frühen Nachmittag könnt ihr die vielen Gesichter Berlins (Weltstadt und Milieu, Kiez und Kultur, Boutiquen und Flohmärkte) kennen lernen.
2. Tag
Ihr könnt Berlin individuell erkunden: Zoo, zahlreiche interessante Museen und Galerien, Brandenburger Tor und Straßenmärkte. Berlin aus der Vogelperspektive? Vom Fernsehturm, dem Europa Center oder der Siegessäule aus ist das möglich. Ausgiebiger Abendbummel über den legendären Ku'damm – oder ist euch eine Disko im Jugendgästehaus lieber?
3. Tag
Bevor ihr in eure Heimatorte fahrt, solltet ihr Potsdam – Stadt der Schlösser – vor den Toren Berlins – einen Besuch abstatten.

Hochschwarzwald (Hornberg)
4 – Tage – Reise

In herrlicher Waldlage abseits der Verkehrsstraße liegt euer neu renoviertes Hotel. Die Unterbringung erfolgt in Mehrbettzimmern mit Du/WC oder im separaten Gästehaus, Du/WC auf der Etage.

Unsere Leistungen
• 3 x Übernachtung mit Halbpension
• Unterbringung der Lehrer in DZ und EZ, soweit möglich
• 1 x Diskothek
• 1 x Kegelabend

Freizeitmöglichkeiten
Besuch des Freilichtmuseums Gutach
Besuch des Glasbläserhofes Todtnau – Aftersteg

Programmvorschlag
1. Tag
Anreise über Offenburg oder Freudenstadt
Geführte Abend- bzw. Nachtwanderung in die nähere Umgebung.
2. Tag
Eine Reise durch „ganz" Europa erwartet euch beim Tagesausflug in den Europapark Rust. Alternativausflug zum Thema Europa: Straßburg – Sitz des Europa-Parlaments.
„Alle Neune-!!!" beim Kegelabend in der hoteleigenen Kegelbahn.
3. Tag
Schwarzwaldrundfahrt zu den Triberger Wasserfällen nach Furtwangen (Uhrenmuseum). Über die Schwarzwald-Panoramastraße Fahrt zum Titisee, dann zum Feldberg und über Freiburg zurück ins Hotel. Die Abschiedsdisko am Abend darf nicht fehlen.
4. Tag
Heimreise

▶ Aufträge

Eine Schulklasse möchte eine mehrtägige Fahrt planen. Folgende Möglichkeiten stehen zur Wahl. Es gibt drei Interessengruppen, die für drei unterschiedliche Fahrtziele eintreten. Bildet drei Gruppen und führt eine Diskussion durch, die eine Einigung herbeiführen soll.

1. Wie ist eure Diskussion abgelaufen? Wodurch kam eine Einigung zustande oder nicht zustande?

2. Welche Bedeutung hatte dabei der Verstand, d. h. die Fähigkeit zu analysieren, ein Ziel zu setzen, es zu begründen, die anderen mit Argumenten zu überzeugen?

3. Welche Bedeutung hatten bestimmte Gefühle, z. B. die Freude auf das gewählte Fahrtziel, die Angst, mit dem eigenen Wunsch nicht zum Zuge zu kommen, mögliche Enttäuschung oder das Gefühl, unterlegen zu sein bzw. sich durchgesetzt zu haben?

A 10 Der Zusammenhang von Denken und Fühlen

M 1 Etwas vom Denken

Eines Tages kam ich früher als sonst aus der Schule. Meine Mutter war gerade in der Küche beim Kochen. Auf dem Küchentisch, auf so einem Brettchen, lag ein Klumpen rosa Zeug, mit Adern und Windungen und so,
5 ich wusste erst nicht, was das war. Also fragte ich meine Mutter. „Ist Kalbshirn", sagte sie so ganz nebenhin, „heute gibt's Hirnknödel." Nun habe ich die schon oft gegessen, aber nie richtig nachgedacht, dass da ein Kalbshirn drin ist in den Klößen. Das sieht man gar nicht,
10 jedenfalls nicht mehr als ekligen, rosa Brocken wie der da auf dem Tisch. Ich fand es abscheulich. Aber auf einmal hat es mich gepackt. Dieses nackte Ding da fing an mich zu interessieren. Ich setzte mich davor und konnte meine Augen nicht mehr davon wegkriegen: Das Kalb,
15 dem das Gehirn mal gehörte, hat damit gedacht. Kalbsgedanken! In diesen Windungen da vor mir war das alles drin: Stallgedanken, Wiesengedanken, Kuhmuttergedanken, Sonnengedanken, Regengedanken, Schlaf, die Angst und der Schreck, als es geschlachtet wurde. Das
20 ganze Kälberleben!

Auch ich habe so ein ähnliches Ding im Kopf. Ich weiß es und kann es mir trotzdem nicht vorstellen. Es ist phantastisch: Damit kann ich mich erinnern, denken … In meinem Gehirn ist mein ganzes Leben aufbewahrt. Ich
25 habe mir früher vielleicht blöde Vorstellungen von meinem Denkapparat gemacht. Ich dachte, in meinem Kopf wäre so was wie ein Schrank mit hundert- und aberhunderttausend Schublädchen, winzig klein. Und je nachdem, was ich denke oder woran ich mich erinnern will,
30 ziehe ich die einfach auf. Wenn ich zum Beispiel einen Namen vergessen habe, dann macht mich das ganz kribblig. Ich weiß genau, er ist irgendwo in meinem Kopf drin.

Ich komme bloß nicht drauf. Ich mache dann den Trick mit dem Alphabet: A, B, C, D, E, F … Manchmal fällt
35 der Name mir dann ein, beim richtigen Anfangsbuchstaben. Manchmal aber auch nicht. Dann vergesse ich's. Aber beim Abendbrot oder beim Waschen – ich denke längst nicht mehr an den vergessenen Namen –, da ist er da. Einfach so! Wie das nun wirklich funktioniert mit
40 dem Denken, dahinter bin ich immer noch nicht gekommen. So sehr ich das Kälberhirn anstierte, es brachte mich auch nicht weiter. Ich fand es nur nicht mehr eklig, sondern schön, und es kam mir wie ein lebendiges Ding vor.
45 Ich hätte einfach nur davor sitzen und mir meine Gedanken machen sollen, und damit genug! Aber ich fing an, darüber zu reden. Sagte, dass ich keine Hirnknödel essen will. Nie mehr! So ein Gehirn mit all den Gedanken drin, das kann man unmöglich kochen und einfach
50 so aufessen …

Meine Mutter sagte erst mal gar nichts, schaute mich nur mit einem gewissen Blick an, lange. Dann nahm sie das Hirn weg. Legte es in kochendes Wasser. Zog die Haut ab und schnitt es in kleine Stückchen. Ich konnte kaum
55 schlucken, mir blieb fast das Herz stehen.
Sie verrührte die Stückchen mit Petersilie, Zwiebeln und Fett zu einem Brei. Keine Spur war mehr zu sehen von dem Ding, das ich so lange betrachtet hatte. „Du kannst einem wirklich leid tun", sagte sie. „Du denkst Sachen,
60 auf die kommt ein normaler Mensch gar nicht."
Es ist nur gut, dass niemand sehen kann, was ich denke.

Susanne Kilian, Etwas vom Denken, aus: Hans-Joachim Gelberg (Hg.), Der fliegende Robert. 4. Jahrbuch der Kinderliteratur, Beltz & Gelberg, Weinheim und Basel 1991, S. 173 f.

▶ **Aufträge**
1. An welchen Stellen werden Leistungen und Tätigkeiten des Verstandes angesprochen?
2. An welchen Stellen spielen Gefühle eine Rolle? Welche?
3. Schreibe einen Text: Du stößt auf etwas, was dich zum Staunen, zum Erschrecken oder zur Anteilnahme bringt. Was erlebst du dabei, was denkst und fühlst du, und zu welchem Urteil kommst du? Lest eure Texte vor und sprecht darüber, welche Erfahrungen ihr gemacht habt.

Der Zusammenhang von Denken und Fühlen A 10

M 2 Aus einem Hirnatlas

Jeder hat mehr oder minder bestimmte Vorstellungen von unserem Denkapparat. Heute hat man bildgebende Verfahren entwickelt, die sichtbar machen, was sich im Gehirn abspielt. Schau in einem neueren Biologiebuch nach, wie das aussieht. Aber bereits früher hat man zu wissen geglaubt, wie es im Gehirn aussieht. Ein Beispiel ist dieser „Hirnatlas" von 1864.

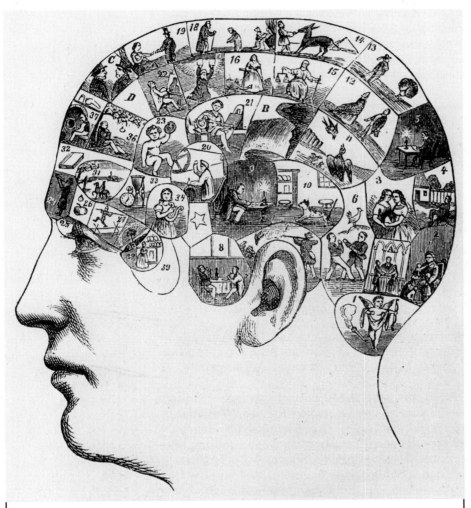

▶ **Aufträge**

1. Stelle fest, was in diesem Hirnatlas alles vorkommt. Was würdest du dem Verstand, was dem Gefühl zuordnen?
2. Lege eine Liste an, was deiner Ansicht nach in einem solchen „Hirnatlas" vertreten sein muss (die Forscher sprechen von Repräsentationen). Zeichne nun selbst einen solchen Atlas; stelle dabei auch Verbindungen zwischen den Teilen her, die deiner Auffassung nach vorhanden sein müssen.
3. Vergleiche diesen Atlas mit neueren Darstellungen (aus Nachschlagewerken, dem Biologiebuch oder Internet). Was stellst du fest?

Organ
A. der Gattenliebe, B. des Stolzes, C. des Begriffssinnes, D. der Anmuth,
1. der Geschlechtsliebe, 2. der Aelternliebe, 3. der Freundschaft,
4. der Heimatsliebe, 5. der Emsigkeit, 6. des Kampfsinnes,
7. des Zerstörungssinnes, 8. der Eßlust, 9. des Erwerbssinnes,
10. der Verschwiegenheit, 11. der Vorsicht, 12. des Ehrgeizes,
13. der Selbstachtung, 14. der Festigkeit, 15. der Gewissenhaftigkeit,
16. der Hoffnung, 17. der Gläubigkeit, 18. der Demuth, 19. der Gutmüthigkeit,
20. des Bausinnes, 21. des Idealitätssinnes, 22. des Nachahmungssinnes,
23. des Frohsinnes, 24. des Beobachtungssinnes, 25. des Formsinnes,
26. des Maßsinnes, 27. des Wägesinnes, 28. des Farbensinnes,
29. des Ordnungssinnes, 30. des Zahlensinnes, 31. des Ortssinnes,
32. des Erinnerungssinnes, 33. des Zeitsinnes, 34. des Tonsinnes,
35. des Sprachsinnes, 36. des Causalitätssinnes, 37. des Vergleichssinnes.

A 10 Der Zusammenhang von Denken und Fühlen

M 3 Die Stadt

Es war an einem sonnigen Wintertag, als der Reisende mit der Eisenbahn in der Stadt anlangte. Eine einzige zusammenhängende Freundlichkeit war die ganze Welt. Die Häuser waren so hell, und der Himmel war so blau. Zwar war das Essen im Bahnhofsrestaurant herzlich schlecht mit hartem Schafsbraten und lieblosem Gemüse. Aber das
5 Herz des Reisenden war mit einer eigentümlichen Freude erfüllt. Er konnte es sich selber nicht erklären. Die Bahnhofshalle war so groß, so licht, der arme alte Dienstmann, der ihm die Koffer trug, war so dienstfertig mit seinen alten Gliedmaßen und so artig mit seinem alten zerriebenen Gesicht. Alles war schön, alles, alles. Selbst das Geldwechseln am Schalter des Wechselbureaus hatte einen eigenen undefinierbaren Zau-
10 ber. Der Reisende musste nur immer über alle die wehmütig-warmen Erscheinungen lächeln, und weil er alles, was er sah, schön fand, fühlte er sich auch wieder von allem angelächelt […].
[…] Da kam er über eine hohe, breite, freie Brücke, unter welcher ein großer blauer Strom herrlich-tiefsinnig vorüber floss. Er stand still, es überwältigte ihn. Zu beiden
15 Seiten des Stromes war die alte Stadt aufgebaut, graziös und kühn. Leichten, milden Schwunges ragten die Dächer in die helle, heitere Luft. Es glich einer romantischen Musik, einem unvergänglichen, reizenden Gedicht. […] O, es war so schön für den Reisenden, dass er in der gassenreichen, halbdunklen, warmen Stadt so angenehm und leicht umherspazieren konnte. […] Zuletzt stand er auf einer kleinen, anmutigen, von
20 einer Mauer eingefassten, luftigen Anhöhe, und von hier aus konnte er die ganze Stadt so recht überblicken und aus dem befriedigten Herzen grüßen.

Robert Walser, Die Stadt, in: Kleine Dichtungen. Sämtliche Werke in Einzelausgaben, hg. v. Jochen Greven, Suhrkamp, Frankfurt a. M. 1985, Bd. 4., S. 94-96.

▶ Aufträge
1. Ziehe aus der obigen Schilderung der Stadt das Gefühl der Freude ab und schildere die Vorkommnisse zunächst ganz sachlich und dann wie sie ein schlecht gelaunter, ein trauriger, ein eiliger Mensch erlebt. Vergleicht eure Schilderungen.
2. Welche Schlüsse ziehst du aus den unterschiedlichen Schilderungen der Stadt? Wie also hängen Wahrnehmen und Fühlen zusammen, und wie Verstand und Gefühl, also Denken bzw. Urteilen und Fühlen? Wovon hängt es ab, wie man sich fühlt? Wovon hängen die Auswahl deiner Wahrnehmungen und das, was in deinem Denken vorkommt, ab? Kann man dies beeinflussen?
3. Was bedeuten die Gefühle und Stimmungen für das menschliche Leben: für das Denken, Urteilen, Planen und Handeln (für den Verstand also)?

M 4 Wer hat die Axt gestohlen?

Es war einmal ein Mann, der hatte seine Axt verloren. Er hatte seines Nachbars Sohn im Verdacht und beobachtete ihn. Die Art, wie er ging, war ganz die eines Axtdiebes; sein Gesichtsausdruck war ganz der eines Axtdiebes; aus allen seinen Bewegungen und aus seinem ganzen Wesen sprach deutlich der Axtdieb. Zufällig grub der Mann einen Graben um und fand seine Axt. Am anderen Tag sah er seinen Nachbarssohn wieder. Alle seine Bewegungen und sein ganzes Wesen hatten nichts mehr von einem Axtdieb an sich.

Luc Ciompi, Die emotionalen Grundlagen des Denkens, Göttingen 1999, S. 180.

▶ Auftrag
Erläutere den Zusammenhang zwischen Denken (Urteilen und Verstand) und Fühlen (Affekt, Stimmung), wie er in der Geschichte zum Ausdruck kommt. Stelle dir dazu jemanden vor, der gar nichts von diesem Zusammenhang weiß. Schreibe einen Bericht für ihn.

Nachdenken über das Denken A 10

M 1 Verstand und Gefühl in der abendländischen Kultur

Der amerikanische Philosoph Robert C. Solomon hat zusammengefasst, wie sich in der Geschichte des philosophischen Nachdenkens eine strikte Trennung von Verstand und Gefühl durchgesetzt hatte. Er bezieht das Problem auf die Frage nach dem Sinn des Lebens, um zu zeigen, dass das Leben selbst nicht rein rational verstanden werden kann, sondern dass Gefühle selbst sehr viel mit dem Verstehen (und dem Verstand) zu tun haben.

Was ist der Mensch,
Wenn seiner Zeit Gewinn, sein höchstes Gut,
Nur Schlaf und Essen ist? Ein Vieh, nichts weiter.
Gewiss, der uns mit solcher Denkkraft schuf
5 Voraus zu schaun und rückwärts, gab uns nicht
Die Fähigkeit und göttliche Vernunft,
Um ungebraucht in uns zu schimmeln.
[Shakespeare]

Ein wenig besser würd er leben,
Hätt'st du ihm nicht den Schein des Himmelslichts gegeben;
10 Er nennt's Vernunft ...
[Goethe]

Demgegenüber gelten die Emotionen von jeher als bedrohliche, störende Kräfte, die den klaren Verstand trüben und uns in die Irre führen. „Was der Verstand zusammenfügt, löst die Leidenschaft wie-
15 der auf", heißt es bei Alexander Pope (*Versuch vom Menschen*). Deshalb empfiehlt Shakespeares Hamlet: „Denn mitten in dem Strom, Sturm und, wie ich sagen mag, Wirbelwind Eurer Leidenschaft müsst Ihr Euch eine Mäßigung zu eigen machen ..." Sogar
20 die Liebe bleibt von diesem Urteil nicht verschont. Im Gegenteil, alle Tragödien, von der *Medea* bis zu unseren heutigen, liefern die Indizien für Oscar Wildes grausame Diagnose: „Jeder Mensch tötet, was er liebt." Aristoteles gestand den Emotionen zwar ihren
25 Platz zu, sie wurden aber durchweg dem Verstand untergeordnet. In seiner *Ethik* schloss er praktisch aus, dass junge Leute ein gutes, tugendhaftes Leben führen könnten, da sie „so sehr von ihren Affekten beherrscht sind". [...]
30 Der Kampf der Vernunft gegen die Fallstricke der Leidenschaften bildet das Leitmotiv der abendländischen Philosophie. [...] Diesem Leitmotiv lag ein anderes, selten erörtertes, weil meist stillschweigend vorausgesetztes zugrunde: die auf eine archaische
35 Psychologie der menschlichen „Seelenanlagen" gestützte *Unterscheidung* zwischen Verstand und Gefühl. Die Sonderstellung des Verstandes hängt damit zusammen, dass er angeblich die Region unserer Seele ist, die wir vollständig beherrschen könnten.
40 Gefühle dagegen sollen dem animalischen Erbe des Geistes angehören und insofern ein „minderwertiges" Potential bilden, das es zu überwachen gelte.

Als teuflische Störenfriede müsse man sie bändigen wie bösartige, übermütige oder rachsüchtige Dämo-
45 nen. Was uns seit je mit den Göttern verband, war das Denkvermögen („dass wir addieren können", wie Lord Russell lästerte), wohingegen die Zügellosigkeit uns von ihrer Weisheit trennte und den Tieren annäherte. Entsprechend sah die Philosophie ihre
50 Hauptaufgabe immer schon darin, den Verstand zu stärken, um die wütenden „niederen" Kräfte zähmen zu können. [...]
Im Gegensatz zu dieser Konzeption der „reinen Vernunft" oder des „Denkens überhaupt" müssen wir
55 die Grenzen des lebendigen Denkens kennen lernen. Das Denken muss stets in der Erfahrung verankert und die Sinnsuche auf ihre wahre Quelle bezogen bleiben, namentlich unsere Leidenschaften, Gefühle, Stimmungen und Wünsche. Auch wenn der Ver-
60 stand sich von ihnen ablösen *kann*, ist dies keineswegs ein zwingendes *Gebot*. Daran mag man sich in der reinen Mathematik ergötzen, doch bei den Problemen der konkreten Philosophie wirkt es sich verheerend aus. Es führt zu einer Krise der Vernunft,
65 die sich dann in der Tat der Schlussfolgerung nicht verschließen kann, dass das Leben keinen Sinn hat. Angesichts eines derart absurden Befundes könnten wir durchaus mit einem neuerlichen Aufmarsch von romantischen Hedonisten, Faschisten, Fanatikern
70 und Narren aller Art rechnen, die nur auf ihre Gelegenheit warten, das Sinnvakuum auszufüllen, das die Vernunft mit ihrem oft menschenverachtenden Unsinn selbst erzeugt hat.

A 11 Nachdenken über das Denken

[…] Meiner Ansicht nach darf man Fühlen nicht vom Denken trennen, sondern muss beides zu einer Einheit verschmelzen. Ich möchte alle unsere Wahrnehmungen so betrachten, wie sich Shelley die Träume vorstellte, nämlich als „von Leidenschaften beflügelte Diener des Denkens". Man könnte auch eine schöne Formel von Iris Murdoch umkehren, die Sartres Philosophie als „romantischen Rationalismus" kennzeichnete, und meinen Ansatz eine „rationale Romantik" nennen.

Im Mittelpunkt dieser „rationalen Romantik" steht die These, dass *Gefühle Urteile sind*, also keine blinden oder irrationalen Kräfte, denen wir erliegen. Gefühle sind das Elixier des Geistes, die Quelle der meisten unserer Werte (nicht aller – die fundamentalen Regungen wie Hunger, Durst und Müdigkeit gibt es ja auch noch) und die Wurzel eines Großteils der Leidenschaften. Stimmungen sind nichts anderes als generalisierte Gefühle, und viele Strebungen, darunter alle ausschließlich dem Menschen zugeschriebenen – Ehrgeiz und Pflichtgefühl, Wünsche und Hoffnungen, sogar Lust und Liebe –, gründen im Emotionalen. Statt, wie es heißt, die Realität zu verzerren, sind sie die Garanten unseres Realitätssinnes; und statt unseren wahren Interessen entgegenzuwirken, uns auf Abwege zu führen, konstituieren sie unsere Interessen und Ziele. Kurz, Gefühle und insofern auch die Leidenschaften schlechthin bilden unsere Lebensgrundlage. Was wir als „Gründe" bezeichnen, sind gleichsam analysierte, durch Reflexion beleuchtete, gedanklich durchdrungene Emotionen, wie sie sich in ihrer Unmittelbarkeit normalerweise nicht darstellen.

Es sind unsere Emotionen, nicht der Verstand (und gewiss nicht die „Natur"), die unserer Welt, unseren sozialen Beziehungen und infolgedessen auch unserem *Selbst* eine Grundlage geben.

Robert C. Solomon, Gefühle und der Sinn des Lebens, Zweitausendeins, Frankfurt a. M. 2000, S. 14 ff.

M 2 Der Schlaf der Vernunft

Francisco Goya: Der Schlaf der Vernunft gebiert Ungeheuer, 1797

▶ **Aufträge**

1. Erläutere das „Leitmotiv" der abendländischen Philosophie in eigenen Worten.
2. Suche Gründe dafür, dass immer wieder versucht wurde, Verstand bzw. Vernunft gegen die Gefühle (Emotionen, Affekte, Leidenschaften) auszuspielen und der „Ratio" die Herrschaft zuzuschreiben. Welche Gefahren sieht Solomon daraus entstehen?
3. Was wäre, wenn man den Gefühlen die Herrschaft über Verstand und Vernunft einräumen würde? Welche Antwort versucht Solomon auf das Problem zu geben?
4. Was bedeutet, deiner Ansicht nach, das Bild Goyas mit diesem Titel? Welche Ungeheuer werden da geboren? Könnte auch der Schlaf des Gefühls Ungeheuer gebären? Welche? Zeichne ein entsprechendes Bild.

Nachdenken über das Denken A 11

M 3 Was heißt Denken?

Das Bedenklichste ist, dass wir noch nicht denken; immer noch nicht, obgleich der Weltzustand fortgesetzt bedenklicher wird. Dieser Vorgang scheint freilich eher zu fordern, dass der Mensch handelt und zwar ohne
5 Verzug, statt in Konferenzen und auf Kongressen zu reden und sich im bloßen Vorstellen dessen zu bewegen, was sein sollte und wie es gemacht werden müsste. Somit fehlt es am Handeln und keineswegs am Denken.
Und dennoch – vielleicht hat der bisherige Mensch seit
10 Jahrhunderten bereits zu viel gehandelt und zu wenig gedacht. Aber wie kann heute jemand behaupten, dass wir noch nicht denken, wo doch überall das Interesse für die Philosophie rege ist und immer lauter wird, wo beinahe jedermann wissen will, was es denn mit der
15 Philosophie auf sich hat. Die Philosophen sind „die" Denker. So heißen sie, weil sich das Denken eigentlich in der Philosophie abspielt.
Niemand wird bestreiten wollen, dass heute ein Interesse für die Philosophie besteht. Doch gibt es heute noch
20 etwas, wofür der Mensch sich nicht interessiert, in der Weise nämlich, wie er das „interessieren" versteht?
Inter-esse heißt: unter und zwischen den Sachen sein, mitten in einer Sache stehen und bei ihr bleiben. Allein für das heutige Interesse gilt nur das Interessante. Das
25 ist solches, was erlaubt, im nächsten Augenblick schon gleichgültig zu sein und durch anderes abgelöst zu werden, was einen dann ebenso wenig angeht wie das Vorige. Man meint heute oft, etwas dadurch besonders zu würdigen, dass man es interessant findet. In Wahrheit hat
30 man durch dieses Urteil das Interessante bereits in das Gleichgültige und alsbald Langweilige abgeschoben.

Martin Heidegger, Was heißt Denken?, Max Niemeyer Verlag, Tübingen 1997, S. 2 f.

▶ Aufträge
1. Fasse in eigene Worte, was Heidegger meinen könnte.
2. Nenne Beispiele dafür, was heute das „Interessante" ist, dem man sich kurzzeitig widmet.
3. Womit müsste sich das Denken wirklich beschäftigen? Liste einige Fragen auf. Vergleicht eure Fragen und wählt eine aus, mit der ihr euch gemeinsam befassen wollt.

M 4 Das Wort „Denken"

Was heißt Denken? Wir nehmen jetzt die Frage in ihrem zuerst angeführten Sinne und fragen: was sagt das Wort „Denken"? Wo gedacht wird, sind Gedanken. Darunter versteht man Meinungen, Vorstellungen, Überlegun-
5 gen, Vorschläge, Einfälle. Aber das althochdeutsche Wort gidanc, „der Gedanc" sagt mehr, nicht nur mehr in der jetzt genannten gewöhnlichen Bedeutung, sondern anderes; nicht bloß anderes im Vergleich zum vorigen, sondern anderes im Wesen als entschieden Unterschie-
10 denes und zugleich Entscheidendes. Der Gedanc bedeutet: das Gemüt, das Herz, den Herzensgrund, jenes Innerste des Menschen, das am weitesten nach außen und ins Äußerste reicht und dies so entschieden, dass es, recht bedacht, die Vorstellung eines Innen und Au-
15 ßen nicht aufkommen lässt.
Aus dem wesentlich gehörten Wort „der Gedanc" spricht nun aber zugleich das Wesen dessen, was die beiden Wörter nennen, die sich uns beim Hören des Zeitwortes „denken" leicht nahe legen: Denken und
20 Gedächtnis, Denken und Dank.
Der Gedanc, der Herzensgrund ist die Versammlung alles dessen, was uns angeht, was uns anlangt, woran uns liegt, uns, insofern wir als Menschen sind. Das, was uns im wesenhaft bestimmenden Sinne anliegt und woran
25 uns liegt, können wir mit einem Wort das Anliegende oder auch das Anliegen nennen.

Martin Heidegger, Was heißt Denken?, Max Niemeyer Verlag, Tübingen 1997, S. 157.

▶ Aufträge
1. Beschreibe in eigenen Worten den Unterschied zwischen dem alltäglichen Wortgebrauch von „Denken" und der Bedeutung, die Heidegger dem Wort gibt.
2. Interpretiere die Antwort Heideggers vor dem Hintergrund dessen, was du über die Verknüpfung von Verstand und Gefühl erfahren hast.
3. Was sind die wichtigsten Anliegen des Menschen? Stellt die Antworten aller Mitschüler/innen zusammen.

A 12 Der Mensch und sein Körper

M 1 Der Jungbrunnen

Lucas Cranach: Der Jungbrunnen, 1546

▶ Aufträge
1. Erläutere, was ein Jungbrunnen ist.
2. Welche Vorstellungen von einem guten Leben werden hier ausgedrückt?
3. Schreibe eine Geschichte vom Jungbrunnen. Wie ist dein körperliches und seelisches Befinden davor und danach?
4. Auch heute gibt es Ideen, wie man das körperliche und seelische Dasein verändern kann. Welche kennst du? Wie beurteilst du sie? Sammelt dazu Berichte aus Zeitungen und Zeitschriften. Sprecht gemeinsam darüber (Stichwort: „Wellness").

Der Mensch und sein Körper A 12

M 2

„Sport hat mein Körperbewusstsein geprägt"

Wenn ich mich so betrachte, kann ich sagen, dass ich mit meinem Körper einverstanden bin. Das war sicher nicht immer so. Eigentlich wurde ich mir meines Körpers erst bewusst nach körperlichen Auseinandersetzungen oder durch Kräftemessen im Sport mit anderen Jungen meines Alters. Da war ich ungefähr 12 Jahre alt. Ich war immer etwas dünner als meine engsten Freunde, lag aber nach meiner Auffassung noch im Durchschnitt. Gerade beim Sport hatte ich unter meiner körperlichen Unterlegenheit zu leiden. Ich fühlte mich gezwungen, meine Technik durch Kenntnis gezielter Bewegungsabläufe und Schnelligkeit zu verbessern, um mich trotzdem durchsetzen zu können oder mitzuhalten. Das regelmäßige Training im Basketballverein hat mich fit gehalten und ich hatte keine Probleme mit Übergewicht. Eher hatte ich das Gefühl, zu wenig zu wiegen.

Ich kann behaupten, dass der Sport mein Bewusstsein für meinen Körper geprägt hat. Durch ihn messe ich in erster Linie meine Leistung mit der anderer und stoße an meine körperlichen Grenzen. Diese Grenzen herauszufinden und nach Möglichkeit zu erweitern ist eine tolle Erfahrung. Wenn es einem dann auch noch Spaß macht, hat man das Bedürfnis, ständig besser zu werden und über sich hinauszuwachsen.

Insbesondere durch das Fernsehen werden Schönheitsideale vermittelt. Doch die Menschen aus dem Fernsehen sind mir zu weit entfernt oder wirken unecht und erfüllen für mich nicht die Voraussetzungen eines Vorbilds. Ich orientiere mich eher an Freunden und Gleichaltrigen. Dabei ist mir wichtig, athletisch und durchtrainiert auszusehen. […]

Ich habe die Erfahrung gemacht, meinen Körper durch gezieltes Training zu beeinflussen, gewissermaßen meinen Körper zu modellieren. Es geht nicht darum, irgendwelchen Schönheitsidealen nachzueifern, sondern darum, meine eigene individuelle Schönheit zu entdecken und sie hervorzuheben.

Durch das Krafttraining und die sportlichen Aktivitäten bin ich – da bin ich mir sicher – auf dem richtigen Weg.

(Michael, 18 Jahre)

M 3

„Zufrieden mit meinem Körper – bis ich perfekte Mädchen sehe"

Eigentlich habe ich mich in meinem Körper grundsätzlich immer einigermaßen wohl gefühlt, obwohl man natürlich immer was zu verbessern hätte.

Am stärksten und schwierigsten war das Verhältnis zu meinem Körper natürlich in den Jahren, in denen er sich auf einmal schlagartig verändert hat oder besser gesagt: als er es nicht getan hat! Während bei allen anderen Mädchen Schambehaarung, Busen und Hüftumfang zu wachsen schienen, hatte ich das Gefühl, mein Körper würde als Einziger auf ewig klein und mädchenhaft bleiben. Meine Frauenärztin hat mir dann bestätigt, dass ich in meiner Entwicklung „vom Mädchen zur Frau" etwa zwei Jahre hinterherhinke, dass sich das aber alles im Laufe der Zeit angleichen würde und ich mir also keine Sorgen zu machen bräuchte.

Mittlerweile habe ich die zwei Jahre anscheinend aufgeholt und habe die gleichen Probleme wie wohl die Mehrheit aller heranwachsenden Mädchen: Ich vergleiche mich häufig mit anderen, denke, dass ich hier und dort ruhig ein bisschen dünner und meine Hüften etwas schmaler sein könnten. […] Heute esse ich, was ich will und nehme trotzdem nicht zu, treibe Sport, weil ich ein paar kleine Muskelpakete an den richtigen Stellen natürlich auch ganz schön finde … Durch's Ballett habe ich aber auch ein größeres Bewusstsein und mehr Gefühl für meinen eigenen Körper entwickelt, habe eine bessere Haltung und fühle mich auch deswegen wohler in meiner Haut als früher. Ich habe mich mit den Macken meines Körpers abgefunden und bin im Grunde genommen zufrieden, natürlich nur so lange, bis ich die nächste Zeitschrift aufschlage und mir lauter wohlgeformte, perfekte Mädchen entgegenlächeln: Da guckt man dann natürlich doch sehr kritisch an sich selbst herunter und denkt spätestens bei dem Blick auf die Schokoladentorte auf dem Teller vor sich, dass man doch eigentlich hier und dort ein bisschen abnehmen müsste …

(Nelly, 18 Jahre)

beide: „Körper", Schüler 2002, Friedrich Verlag, Seelze 2002, S. 45–47.

A 12 Der Mensch und sein Körper

M 4

„Wenn meine Freunde sagen, ich sei schlank, tun sie das wohl nur aus Gefälligkeit"

Ich esse sehr gerne und schon früher bekam meine Familie viel von meinem konstanten Appetit zu spüren: Mein Bruder weinte immer, wenn ich ihm wieder einmal sein Bonbon weggeschnappt hatte. Als Kind hatte ich noch nicht den Drang, schlank zu sein. Ich genoss einfach alles, was mir Spaß machte. Die erste Person, die mich mit dem Begriff „Kalorien" vertraut machte, war meine Großmutter. Es störte sie die Art, wie ich aß, es störte sie, wie viel ich aß, und es störte sie meine Auswahl an Lebensmitteln. So beschwerte sie sich häufig bei meiner Mutter, um mir kurz darauf Pralinen anzubieten. Ich war nie dick, man könnte es eher „kompakt" nennen, und ich hatte im Gegensatz zu heute keine Probleme damit.

Doch als die Pubertät und der Fernseher kamen, änderte sich alles. Ich wollte auch so aussehen, wie die schlanken Frauen, die mit Miniröcken und bauchfreien Oberteilen über den Bildschirm tanzten. Die Enttäuschung war groß, als ich nicht eine dieser Frauen, sondern mich selbst im Spiegel sah. Meine Mutter kommentierte mein eng anliegendes T-Shirt mit einem „Das sieht nicht aus!". Ich glaube, ich war 12 Jahre alt, als ich meine erste Diät plante und doch nicht durchhielt. Später verfolgte ich das Essverhalten meiner besten Freundin, ich wollte immer so dünn sein wie sie. Heute ist sie magersüchtig. Während meiner ersten erfolgreichen Diät war ich 15 Jahre alt. Damals war ich ca. 1,76 m groß und wog 66 kg. Über die Sommerferien nahm ich sieben Kilo ab, weil ich kaum noch etwas aß und viel Sport machte. Ich verglich mich mit den Models vom Laufsteg, ich wollte perfekt aussehen und war mit meinen 59 kg noch immer nicht zufrieden.

Mein erster Gedanke, wenn ich heute in den Spiegel sehe: „Ich muss abnehmen." So habe ich Phasen, in denen ich so gut wie gar nichts esse, und Phasen, in denen ich gleichgültig alles esse, das mir zwischen die Finger gerät. Mein Leben ist ein Auf und Ab von Ab- und Zunehmen. Häufig rückt das Thema „Abnehmen" in den Mittelpunkt meiner Gedanken. Ständig fühle ich mich schlecht, wenn ich im Fernsehen dünne Frauen sehe, nachdem ich bereits den zweiten Schokoriegel verdrückt habe. Auch wenn ich zeitweise abnehme und mich in meinem Körper wohl fühle, verschwindet diese Zufriedenheit sofort, wenn ich Frauen sehe, die dünner sind als ich. Sofort stehe ich dann vor dem Spiegel und wünsche mir, in einem anderen Körper zu stecken.

Mittlerweile wiege ich 61 kg bei einer Körpergröße von 1,77 m. Es gibt niemanden in meinem Freundeskreis, der oder die etwas an meiner Figur auszusetzen hat. Sie versuchen oft, mich aufzubauen und mir klar zu machen, dass ich schlank bin und Diäten nicht nötig habe. Doch ich denke, sie tun das nur aus Gefälligkeit. Mir gefallen meine Hüften nicht, sie sind zu breit und meine Beine sind zu dick. Oft gibt es keine Hosen in meiner Größe, wenn ich in meinen bevorzugten Läden einkaufen gehe. Größe 40 ist dort Mangelware und der Versuch, mich in Größe 38 zu quetschen, scheitert. Momentan steige ich dazu um, mir meine Hosen selbst zu nähen. Die sitzen perfekt und lassen mich meine Figurprobleme für einen Moment vergessen. Außerdem versuche ich den Fernseher zu meiden, was mir auf Dauer etwas schwer fällt. Die Probleme, die ich mit meinem Körper habe, verschwinden dadurch nicht komplett. Zurzeit mache ich Diät: kein Fett, kein Zucker. Am besten so wenig essen wie möglich. Ob ich das durchhalte?

(Carla, 17 Jahre)

„Körper", Schüler 2002, Friedrich Verlag, Seelze 2002, S. 45–47.

▶ **Aufträge**

1. Lies und vergleiche die Texte M 2 bis M 4: Was haben die drei Jugendlichen mit ihrem Körper erlebt? Was haben sie getan, um ihn zu verändern, zu beeinflussen, sich an ihn zu gewöhnen? – Schreibe selbst einen solchen Text.
2. Warum ist das Bild, das man von seinem eigenen Körper hat, wichtig für das seelische Befinden? Inwiefern ist dieses Bild von außen beeinflusst, z. B. von Gleichaltrigen, Moden, gesellschaftlich akzeptierten oder abgelehnten Entwürfen?
3. Schildere Beispiele, wie Jugendliche versuchen, Körper und Seele zu verändern. Welche sind positiv zu beurteilen, welche sind kritisch zu sehen und welche sind abzulehnen?

Der Zusammenhang von Leib und Seele — A 13

M 1 Körper, Leib, Seele und Geist

Schneidet die folgenden Begriffe aus und klebt sie auf Kärtchen. Füge selbst weitere Begriffe hinzu. Mischt die Kärtchen. Jede/r Schüler/in zieht abwechselnd ein Kärtchen, liest den Begriff laut vor und ordnet ihn entweder dem „Körper" oder dem „Leib" oder der „Seele" (bzw. dem „Geist") zu. Die Zuordnung muss begründet werden. Über die Begründungen darf gestritten werden.

Haltung	Einstellung	Sprechen	Bewusstsein
Scham	Drogen	Ausdehnung	Gewicht
Schwere	Sehen	Traum	Schwerfälligkeit
Bewegung	Krankheit	Teilbarkeit	Gestik
Gefühl	Organismus	Empfindung	Erinnern
Mimik	Medikamente	Wahrnehmbarkeit	Trinken
Vergessen	Denken	Leichtigkeit	Scham
Sterben	Undurchdringlichkeit	Gehirn	Schlaf
Gesundheit	Unteilbarkeit	Befindlichkeit	Unsterblichkeit
Schönheit	Hören	Geschmack	Tanzen
Lernen	Liebe	Leben	Lust
Wunsch	Essen		

▶ Aufträge

1. Was ist der Unterschied zwischen Körper und Leib?
2. Was kennzeichnet die Seele? Sammelt Gründe dafür und dagegen, dass es eine Seele gibt.
3. Wenn es eine Seele gibt: Kann sie ohne den Körper leben? Und wie ist es umgekehrt: Kann der menschliche Körper ohne eine Seele leben?
4. Versuche zu beschreiben, ob und wie Körper und Seele beim Menschen getrennt oder als Einheit existieren. Was spricht für die erste, was für die zweite Annahme?

A 13 Der Zusammenhang von Leib und Seele

M 2 Die Sinne

▶ Aufträge
1. Welche fünf Sinne sind hier bildlich dargestellt? Gibt es noch mehr?
2. Stelle sie nach eigenen Ideen dar. Überlege, was typisch ist für jeden Sinn.
3. Was leisten unsere Sinne? Nenne für jeden der Sinne ein Beispiel.

M 3

Tiffany, 61 Jahre
Mein Leiden ist weder wahrnehmbar noch mitteilbar. Seitdem ich weder rieche noch schmecke, habe ich 25 Pfund verloren. Essen ist völlig uninteressant geworden. Vor drei Jahren hat mich diese Krankheit überfallen, und seither habe ich den Eindruck, dass das Licht ausgegangen ist. Da ich meinen Körper nicht mehr
5 rieche, wasche ich mich und meine Kleider den ganzen Tag. Der Geruch meines Mannes fehlt mir. Er ist etwas von ihm, was ich nicht mehr habe. Mein Mund ist so fühllos, dass es mir vor kurzem bei einem Abendessen passierte, dass ich sehr scharfen Meerrettich aß in dem Glauben, es sei Kohlsalat. Nach einer Weile spürte ich, wie meine Kehle anfing zu brennen, und ich glaubte zu ersticken. Da ich
10 anfing zu schwitzen und ich nicht mehr sprechen konnte, dachten alle, ich hätte einen Herzanfall. Ich lebe in einer Art chronischer, ergebener Depression. Wissen Sie, was Kaffee für mich ist? Eine warme Flüssigkeit. Und Kaffee und Milch? Eine warme Flüssigkeit, die etwas dickflüssiger ist.

DIE ZEIT vom 26.07.91

▶ Aufträge
1. Wähle einen Sinn aus und beschreibe, was passieren würde, wenn er ausfällt. Wodurch kann er möglicherweise ersetzt werden?
2. Beschreibe, was die Sinne für den Menschen bedeuten. Was haben sie mit Körper und Seele zu tun? Denke dabei auch an Tiffany.

Der Zusammenhang von Leib und Seele A 13

M 4

Bettine von Arnim erzählt in ihrem Briefroman „Die Günderode" vom kindlichen Bewegungsdrang, vom Klettern und vom Springen über Stock und Stein:

Aber gewiss, solche Übungen die einem die Natur lehrt sind Vorbereitungen für die Seele, alles wird Instinkt, auch im Geist, er besinnt sich nicht, ob er soll oder nicht, es lehrt ihn das Gleichgewicht halten wie im Klettern und Springen […]. […] ich möchte wissen, ob der ganze innere Mensch nicht deutlich und kräftig hervorgehen könnt aus
5 dem äußern, und ob „auf dem Seiltanzen" nicht eine höhere diplomatische Kunstanlage entwickeln könnt […] – oder ob „mit Anmut auf dem Eis Schlittschuh laufen", ob das nicht lehren könnt, ohne Selbstverletzung eigner Würde, zwischen allen Verkehrtheiten mit leichter Grazie sich durchwinden […].

Bettine von Arnim, Die Günderode, in: Werke und Briefe in drei Bänden, hg. v. Walter Schmitz u. Sibylle von Steinsdorff, Bd. I, S. 295–741, hier S. 610 f.

▶ Aufträge
1. Was lässt sich aus Bettine von Arnims Beschreibung für die Verbindung von Körper, Seele und Geist erschließen?
2. Schildere eigene Erfahrungen, wie z. B. körperliche Bewegung den Geist erfrischt, wie die Seele vom Bewegen oder Wahrnehmen profitiert. Welche (inneren) Kräfte stärkt z. B. eine Mannschaftssportart wie Volleyball oder Fußball? Was bewirkt das Schwimmen in einem See?

M 5

▶ Aufträge
1. Es gibt eine große Zahl von Sportarten. Zu welcher gehört diese Abbildung? Beschreibe einige Sportarten und erläutere, welche Körperteile in besonderer Weise eingesetzt werden bzw. ob der ganze Körper dabei zum Einsatz kommt.
2. Sammle Gründe dafür, weshalb der Mensch Sport treibt, und wie er dabei mit den unterschiedlichen Elementen (Erde, Wasser, Luft) umgeht. Überlege auch, weshalb er bei einigen Sportarten Hindernisse aufbaut. Diskutiert, ob bloß der Körper am Sport beteiligt ist oder auch die Seele des Menschen, d. h. der ganze Leib? Begründe deine Meinung.

A 14 Der Körper als Mittel von Ausdruck und Darstellung

M 1 **Der Tanz I**

André Derain: Der Tanz, 1906

M 2 **Der Tanz II**

Jugendliche beim Tanzen

▶ **Aufträge**
1. Beschreibe das Gemälde und achte darauf, wie Bewegung dargestellt wird. Beschreibe, was beim Tanzen überhaupt geschieht, und versuche zu erklären, warum Menschen tanzen.
2. Überlege, ob Tanzen heute eine andere Bedeutung hat als vor hundert Jahren. Inwieweit unterscheidet sich der Tanz der jungen Menschen in M 2 von der Darstellung des Tanzes in M 1?
3. Was kommt beim Tanzen zum Einsatz? Wie beeinflusst das Tanzen das Gesamtbefinden, also Leib und Seele?

Der Körper als Mittel von Ausdruck und Darstellung A 14

M 3 Über das Marionettentheater

Heinrich von Kleist vergleicht in seiner kleinen Erzählung „Über das Marionettentheater" den Tanz der Marionette mit dem menschlichen Tanzen. Einer der beiden Gesprächspartner beschreibt, wie die Leichtigkeit und Anmut der Marionette dadurch entsteht, dass der Schwerpunkt der Bewegung richtig verlagert ist und an der richtigen, „naturgemäßen" Stelle sitzt. Und als der andere fragt, welchen Vorteil denn die Puppe gegenüber lebendigen Tänzern hätte, antwortet jener, dass diese sich niemals zierte. Ziererei erscheine so als Gegensatz zur Anmut und entstehe, wenn die Seele sich anderswo als im Schwerpunkt der Bewegung befindet.

Ich sagte, dass ich gar wohl wüsste, welche Unordnungen, in der natürlichen Grazie des Menschen, das Bewusstsein anrichtet. Ein junger Mann von meiner Bekanntschaft hätte, durch eine bloße Bemerkung, 5 gleichsam vor meinen Augen, seine Unschuld verloren, und das Paradies derselben, trotz aller ersinnlichen Bemühungen, nachher niemals wieder gefunden. – Doch, welche Folgerungen, setzte ich hinzu, können Sie daraus ziehen?
10 Er fragte mich, welch einen Vorfall ich meine?
Ich badete mich, erzählte ich, vor etwa drei Jahren, mit einem jungen Mann, über dessen Bildung damals eine wunderbare Anmut verbreitet war. Er mochte ohngefähr in seinem sechzehnten Jahre stehen, und nur ganz 15 von fern ließen sich, von der Gunst der Frauen herbeigerufen, die ersten Spuren von Eitelkeit erblicken. Es traf sich, dass wir grade kurz zuvor in Paris den Jüngling gesehen hatten, der sich einen Splitter aus dem Fuße zieht; der Abguss der Statue ist bekannt und be-20 findet sich in den meisten deutschen Sammlungen. Ein Blick, den er in dem Augenblick, da er den Fuß auf den Schemel setzte, um ihn abzutrocknen, in einen großen Spiegel warf, erinnerte ihn daran; er lächelte und sagte mir, welch eine Entdeckung er gemacht habe. In der 25 Tat hatte ich, in eben diesem Augenblick, dieselbe gemacht; doch sei es, um die Sicherheit der Grazie, die ihm beiwohnte, zu prüfen, sei es, um seiner Eitelkeit ein wenig heilsam zu begegnen: ich lachte und erwiderte – er sähe wohl Geister! Er errötete, und hob den Fuß zum 30 zweiten Mal, um es mir zu zeigen; doch der Versuch, wie sich leicht hätte voraussehen lassen, missglückte. Er hob verwirrt den Fuß zum dritten und vierten, er hob ihn wohl noch zehnmal: umsonst! er war außerstand, dieselbe Bewegung wieder hervorzubringen – was sag 35 ich? Die Bewegungen, die er machte, hatten ein so komisches Element, dass ich Mühe hatte, das Gelächter zurückzuhalten: –
Von diesem Tage, gleichsam von diesem Augenblick an, ging eine unbegreifliche Veränderung mit dem jun-40 gen Menschen vor. Er fing an, tagelang vor dem Spiegel zu stehen; und immer ein Reiz nach dem anderen verließ ihn. Eine unsichtbare und unbegreifliche Gewalt schien sich, wie ein eisernes Netz, um das freie Spiel seiner Gebärden zu legen, und als ein Jahr verflossen 45 war, war keine Spur mehr von der Lieblichkeit in ihm zu entdecken, die die Augen der Menschen sonst, die ihn umringten, ergötzt hatte. Noch jetzt lebt jemand, der ein Zeuge jenes sonderbaren und unglücklichen Vorfalls war, und ihn, Wort für Wort, wie ich ihn erzählt, 50 bestätigen könnte.

Heinrich von Kleist, Über das Marionettentheater. In: Der Zweikampf und andere Prosa, Reclam, Stuttgart 1984, S. 84–92; hier S. 89 f.

▶ Aufträge
1. Schildere, was Kleist, nach deiner eigenen Erfahrung, mit seiner Erklärung zu Anmut und Ziererei meint.
2. Wähle eine typische Gestik, eine Handbewegung oder Ähnliches und führe sie einmal anmutig, ein anderes Mal geziert aus. Worin liegt der Unterschied? Und inwiefern schließen wir von solcher Gestik auf die Seele des Menschen?
3. Kleist bringt ein Beispiel für die Schwierigkeit des Menschen, harmonisch und anmutig zu sein. Sprecht darüber, woran es nach Kleist liegt, dass der Mensch solche Schwierigkeiten hat. Woran erkennt man diese noch – an sich selbst und anderen? Erzählt Beispiele aus eurer Erfahrung, z. B. im Sport, im Gehen, Sichzeigen (Disco) usw.

A 14 Der Körper als Mittel von Ausdruck und Darstellung

M 4 Inneres und Äußeres

Der Mensch zeigt sich mit seinem Körper. In ihm sehen ihn die anderen. Sein Leib ist das Zentrum seiner Welt. Von ihm gehen seine Bewegungen, Motive und Absichten aus. Er hantiert mit seinem Körper, und das hat Auswirkungen auf seinen Leib: auf ihn selbst und auf seine Welt. Die innere Haltung, das Seelische, bewegt und verändert sich mit der äußeren Haltung, dem Körperlichen. Sie beeinflussen sich gegenseitig. Kleidung, Schmuck, Tattoo u. a. zieren nicht bloß den Körper, sondern verleihen dem ganzen Menschen ein Erscheinungsbild. Weder möchte er nackt und bloß dastehen, durchsichtig bis auf sein „Innerstes", noch möchte er sich ganz verstecken (außer in Extremsituationen). Sein „Inneres", die Seele, verhüllt oder enthüllt sich mit der äußeren Gestaltung des Körpers.

Richard Breun

M 5

Der Rangatira Anehama, Neuseeland

M 6

Junger Punk

▶ **Aufträge**

1. Erkundet in eurer Gruppe, wie ihr euch kleidet und schmückt (Haare nicht vergessen!).
2. Schreibe einen kleinen Bericht zu der Frage: Warum kleidet und schmückt sich der Mensch?
3. Schildere ein Beispiel, wie sich das Seelische (das „Innere") und der ganze Mensch im Äußeren, also in Kleidung usw. ausdrückt. Wie geschieht das bei den in M 5 und M 6 abgebildeten Personen?
4. Was ist eigentlich „Mode"? Inwiefern ist sie gesellschaftlich und kulturell bedingt? Welche Mode ist gerade aktuell? Wie beeinflusst sie deine eigene Gestaltung in Kleidung und Aussehen?
5. Schneidet aus Zeitschriften Werbung und Berichte zur Mode aus. Was sagt sie über den Menschen hier und heute?

Leib und Seele: der Dualismus und seine Überwindung A 15

M 1 Dualismus: Platon und die Unsterblichkeit der Seele

Sokrates: [...] beim Betrachten mittels des reinen Denkens scheint uns gewissermaßen die Todesgöttin mit sich davon zu führen; denn solange wir mit dem Körper behaftet sind und unsere Seele mit diesem Übel verwachsen ist, werden wir niemals in vollem Maße erreichen, wonach wir streben; es ist dies aber, wie wir behaupten, die Wahrheit. Denn tausenderlei Unruhe verursacht uns der Körper schon durch die notwendige Sorge für seine Ernährung; stellen sich aber außerdem noch Krankheiten ein, so hindern sie uns in der Jagd nach dem Seienden. Ferner erfüllt uns der Körper mit allerlei Liebesverlangen, mit Begierden und Ängsten und allerhand Einbildungen und vielerlei Tand, kurz er versetzt uns in einen Zustand, in dem man sozusagen gar nicht recht zur Besinnung kommt. Denn auch Kriege, Aufruhr und Schlachten sind allein eine Folge des Körpers und seiner Begierden. Denn um den Erwerb von Geld und Gut handelt es sich bei der Entstehung aller Kriege, Hab und Gut aber sehen wir uns gezwungen zu erwerben um des Körpers willen, dessen Ansprüche befriedigt sein wollen. Aus allen diesen Gründen haben wir keine Muße zur Philosophie. Das Schlimmste aber von allem ist, dass, wenn uns der Körper einmal Ruhe gönnt und wir uns der wissenschaftlichen Betrachtung einer Sache zuwenden, er sich im Verlaufe dieser Untersuchungen doch allenthalben wieder störend und verwirrend dazwischen drängt und uns außer Fassung bringt, so dass wir durch ihn verhindert werden die Wahrheit zu erkennen; es ist also für uns in der Tat eine ausgemachte Sache, dass, wenn wir jemals eine reine Erkenntnis erlangen wollen, wir uns von ihm frei machen und allein mit der Seele die Dinge an sich betrachten müssen. Und nicht eher, wie es scheint, wird uns das zuteil werden, wonach wir streben und was der Gegenstand unserer Liebe ist, nämlich die Vernünftigkeit, als bis wir gestorben sind – das zeigt sich ganz klar –, solange wir leben aber nicht. Denn wenn es unmöglich ist, in Gemeinschaft mit dem Körper eine reine Erkenntnis zu erlangen, so gibt es nur zwei Fälle: entweder ist es überhaupt unmöglich ein Wissen zu erlangen oder erst nach unserem Tode. Denn dann wird die Seele ganz für sich sein, getrennt vom Körper, eher aber nicht. Und solange wir leben, werden wir, wie es scheint, dem Wissen dann am nächsten kommen, wenn wir uns so viel als möglich des Verkehrs mit dem Körper enthalten und nur soweit es unbedingt nötig ist mit ihm in Gemeinschaft treten und uns von seiner Natur nicht durchdringen lassen, sondern uns rein von ihm halten, bis der Gott uns völlig erlösen wird. Und so, rein und befreit von aller Unvernunft des Leibes, werden wir, wie zu erwarten, mit ebensolchen zusammen sein und durch unser innerstes Selbst alles, was in sich völlig klar und rein ist, erkennen; und das ist doch wohl die Wahrheit. Denn wer selbst nicht rein ist, soll auch ausgeschlossen sein von der Berührung mit dem Reinen.

Platon, Phaidon, 66 f., in: Sämtliche Dialoge, Bd. 2, hg. v. Otto Apelt, Meiner, Hamburg 1993, 42 f.

M 2 Alles was Seele ist, ist unsterblich

Alles was Seele ist, ist unsterblich. Denn das von sich aus Bewegte ist unsterblich. Was aber nur ein anderes Ding bewegt und von einem anderen bewegt wird, bei dem hört das Leben auf, wie die Bewegung bei ihm aufhört. [...] Denn jeder Körper, der seine Bewegung von außen erhält, ist seelenlos, aber einer der sie von innen erhält, aus sich selbst, ist beseelt: dies eben ist die Natur der Seele. Verhält sich dies wirklich so und ist also das sich selbst Bewegende nichts anderes als Seele, dann dürfte die Seele mit Notwendigkeit unentstanden und unsterblich sein. Das genügt bezüglich ihrer Unsterblichkeit.

Platon, Phaidros, 245, in: Sämtliche Dialoge, Bd. 2, hg. v. Otto Apelt, Meiner, Hamburg 1993, S. 57 f.

▶ Aufträge

1. Lege eine Tabelle mit den zwei Spalten Körper und Seele an und ordne zu, was Platon jeweils zuteilt.
2. Wozu zwingt uns der Körper, was ist nur der Seele möglich?
3. Versuche nachzuvollziehen, wie Platon die Unsterblichkeit der Seele begründet.
4. Führt ein Gespräch über Platons Auffassung; sucht Argumente dafür und dagegen.
5. Stelle Fragen an Platon. Sammelt eure Fragen und versucht gemeinsam, sie zu beantworten.

A 15 Leib und Seele: der Dualismus und seine Überwindung

M 3 Dualismus: René Descartes und die denkende Seele

Das erste und wesentliche Erfordernis zur Erkenntnis der Unsterblichkeit der Seele ist aber, sich von ihr eine möglichst klare und von jedem Begriff eines Körpers durchaus verschiedene Vorstellung zu machen [...],
5 dass wir einen Körper nur teilbar, im Gegensatz dazu aber den Geist nur unteilbar denken können. Sind wir doch nicht imstande, uns die Hälfte eines Geistes vorzustellen, wie wir das von jedem beliebigen noch so winzigen Körper können, so dass wir die Natur von
10 beiden nicht nur als verschiedenartig, sondern sogar als in gewisser Weise gegensätzlich erkennen. Weiter aber habe ich diesen Gegenstand in dieser Schrift nicht behandelt, teils, weil das Gesagte genügt, um zu zeigen, dass aus der Zerstörung des Körpers nicht die Vernich-
15 tung des Geistes folgt, und so den Sterblichen Hoffnung auf ein anderes Leben zu machen, teils auch deswegen, weil die Prämissen, aus denen die geistige Unsterblichkeit selbst erschlossen werden kann, von der Darstellung der ganzen Physik abhängen: Erstens nämlich
20 muss man wissen, dass überhaupt alle Substanzen, d. h. Dinge, die ihr Dasein einer Schöpfung durch Gott verdanken, ihrer Natur nach unzerstörbar sind, und dass sie niemals aufhören können zu sein, außer, sie werden von demselben Gott dadurch vernichtet, dass er ih-
25 nen seinen Beistand versagt. Zweitens aber muss man beachten, dass zwar der Körper allgemein genommen Substanz ist und darum auch niemals untergehen kann; dass aber der menschliche Körper, sofern er sich von den übrigen Körpern unterscheidet, nur aus einer be-
30 stimmten Gestaltung seiner Glieder und anderen zufälligen Bestimmungen zusammengewürfelt ist, dass dagegen der menschliche Geist nicht so in irgendwelchen zufälligen Bestimmungen besteht, sondern eine reine Substanz ist; denn wenn auch alle seine zufälligen Be-
35 stimmungen wechseln, z. B. wenn er andere Dinge erkennt, anderes will, anderes fühlt usw., so wird darum doch nicht der Geist selbst ein anderer; der menschliche Körper dagegen wird allein schon dadurch ein anderer, dass sich die Gestalt einiger seiner Teile ändert. Hieraus
40 folgt, dass der Körper zwar äußerst leicht untergeht, der Geist aber seiner Natur nach unsterblich ist. [...]

Ich setze also voraus, dass alles, was ich sehe, falsch ist, ich glaube, dass nichts jemals existiert hat, was das trüge-
45 rische Gedächtnis mir darstellt: ich habe überhaupt keine Sinne; Körper, Gestalt, Ausdehnung, Bewegung und Ort sind nichts als Chimären. Was also bleibt Wahres übrig? Vielleicht nur dies eine, dass nichts gewiss ist.
Aber woher weiß ich denn, dass es nichts anderes als
50 alles bereits Aufgezählte gibt, an dem zu zweifeln auch nicht der geringste Anlass vorliegt? Gibt es etwa einen Gott, oder wie ich den sonst nennen mag, der mir diese Vorstellungen einflößt? – Weshalb aber sollte ich das annehmen, da ich doch am Ende selbst ihr Urheber sein
55 könnte? Also wäre doch wenigstens ich irgendetwas? Aber – ich habe bereits geleugnet, dass ich irgendeinen Sinn, irgendeinen Körper habe. Doch hier stutze ich: was soll daraus folgen? Bin ich etwa so an den Körper und die Sinne gefesselt, dass ich ohne sie nicht
60 sein kann? Indessen, ich habe mir eingeredet, dass es schlechterdings nichts in der Welt gibt: keinen Himmel, keine Erde, keine denkenden Wesen, keine Körper, also doch auch wohl mich selbst nicht? Keineswegs; sicherlich war ich, wenn ich mir etwas eingeredet habe.
65 – Aber es gibt einen, ich weiß nicht welchen, allmächtigen und höchst verschlagenen Betrüger, der mich geflissentlich stets täuscht. – Nun, wenn er mich täuscht, so ist es also unzweifelhaft, dass ich bin. Er täusche mich, soviel er kann, niemals wird er doch fertig brin-
70 gen, dass ich nichts bin, solange ich denke, dass ich etwas sei. Und so komme ich, nachdem ich nun alles mehr als genug hin und her erwogen habe, schließlich zu der Feststellung, dass dieser Satz: „Ich bin, ich existiere", sooft ich ihn ausspreche oder in Gedanken fasse,
75 notwendig wahr ist.

René Descartes, Meditationen über die Grundlagen der Philosophie, Meiner, Hamburg 1960, S. 11 ff. und S. 21 ff.

▶ Aufträge
1. Descartes zweifelt so lange an allem, bis er zu dem Punkt gelangt: den Körper und die Welt kann ich mir wegdenken, nicht aber, dass ich denke. Was folgt für ihn daraus?
2. Wodurch ist der Körper bestimmt und wodurch die Seele?
3. Lässt sich die Seele bzw. das Denken eindeutig vom Körper trennen? Oder hat das eine mit dem anderen zu tun? Bildet zwei Gruppen mit gegenteiligen Ansichten und führt ein Streitgespräch.

Leib und Seele: der Dualismus und seine Überwindung — A 15

M 4 Materialismus: Julien Offray de La Mettrie und der Mensch als Maschine

Seele und Körper schlafen zusammen ein. In dem Maße, wie die Bewegung des Blutes ruhiger wird, verbreitet sich ein wohltuendes Gefühl des Friedens und der Ruhe in der ganzen Maschine. Es ist der Seele, als werde sie immer schwerer wie die Augenlider und immer schlaffer wie die Gehirnfasern: sie wird allmählich mit allen Muskeln des Körpers gleichsam gelähmt. Diese können das Gewicht des Kopfes nicht mehr tragen, und jene vermag die Last des Gedankens nicht mehr auf sich zu nehmen. Im Schlaf ist also die Seele gewissermaßen nicht mehr zugegen.

Ist der Blutkreislauf zu schnell, so kann die Seele nicht schlafen. Ist die Seele zu erregt, so kann sich das Blut nicht beruhigen; es jagt durch die Adern mit einem Geräusch, das zu hören ist: das sind die beiden wechselseitigen Ursachen der Schlaflosigkeit. Ein bloßes Erschrecken im Traum lässt das Herz zweimal so schnell schlagen und reißt uns aus der notwendigen oder wohltuenden Ruhe ebenso heraus wie ein heftiger Schmerz oder ein dringendes Bedürfnis. Kurz, da uns nur die Unterbrechung der Funktionen der Seele Schlaf verschafft, tritt sogar im wachen Zustand (der allerdings nur ein halbwacher Zustand ist) häufig eine Art Halbschlaf der Seele ein, der so genannte Dämmerzustand, der beweist, dass die Seele nicht immer auf das Einschlafen des Körpers wartet; denn wenn sie auch nicht tief schläft, so fehlt daran doch nicht viel. Es ist ihr nämlich unmöglich, auch nur einen einzigen Gegenstand zu nennen, dem sie eine gewisse Aufmerksamkeit geschenkt hat, solange unzählige verschwommene Ideen sozusagen wie Wolken die Atmosphäre des Gehirns ausfüllen. [...]

Der menschliche Körper ist eine Maschine, die selbst ihre Federn aufzieht; ein lebendiges Ebenbild der unaufhörlichen Bewegung. Die Nahrung erhält das, was die Erregung hervorruft. Ohne Nahrung siecht die Seele dahin, verfällt in Raserei und stirbt an Entkräftung. Sie gleicht einer Kerze, deren Licht noch einmal aufflackert, ehe es erlischt. Ernähren Sie aber den Körper, füllen Sie seine Gefäße mit kräftigen Säften, stärkenden Flüssigkeiten, so wappnet sich die Seele, ebenso edel wie diese Säfte, mit stolzem Mut; dann wird der Soldat, den Wasser hätte fliehen lassen, plötzlich verwegen und eilt beim Lärm der Trommeln fröhlich in den Tod. Ebenso regt warmes Wasser das Blut an, das kaltes Wasser beruhigt hätte.

Wie wirksam ist doch ein gutes Mahl! Die Freude lebt in einem betrübten Herzen wieder auf und überträgt sich auf die Seele der anderen Gäste, die sie durch heitere Lieder ausdrücken, in denen sich insbesondere der Franzose auszeichnet. Nur der Melancholiker bleibt niedergeschlagen, und der Forscher ist zu solcher Freude auch nicht fähig. [...]

Die verschiedenen Zustände der Seele stehen also immer in einem Wechselverhältnis zu denen des Körpers. Um aber diese ganze Abhängigkeit und ihre Ursachen noch besser beweisen zu können, wollen wir nun Gebrauch von der vergleichenden Anatomie machen. Öffnen wir das Innere des Menschen und der Tiere. Wie könnte man denn die menschliche Natur erkennen, wenn man über sie nicht durch einen richtigen Vergleich des inneren Baus des Menschen und der Tiere unterrichtet wäre? [...]

Ziehen wir also den kühnen Schluss, dass der Mensch eine Maschine ist und dass es im ganzen Weltall nur eine Substanz gibt, die freilich verschieden modifiziert ist. Das ist nicht etwa eine Hypothese, die auf Grund von Fragen und Vermutungen aufgestellt worden ist: das ist kein Werk des Vorurteils und auch kein Werk meiner Vernunft allein. Ich hätte einen Führer, den ich für so unzuverlässig halte, gewiss abgelehnt, wenn mich nicht meine Sinne, die mir sozusagen die Fackel vorantragen, dazu angehalten hätten, der Vernunft zu folgen, die sie erleuchten. Die Erfahrung hat also bei mir für die Vernunft gesprochen, und so habe ich beide vereint.

Julien Offray de La Mettrie, Der Mensch eine Maschine, Reclam, Stuttgart 2001, S. 24 ff., 31 f., 94 f.

▶ Aufträge
1. Zeichne den Menschen als Maschine.
2. Bewege dich wie eine Maschine. Ist es das, was La Mettrie meint?
3. Erläutere in eigenen Worten die Verbindung zwischen Körper und Seele, die La Mettrie vom Menschen als einer Maschine sprechen lässt. Suche Beispiele aus dem Alltag.
4. Bei welchen Gelegenheiten wird der Mensch wie eine Maschine behandelt? (Denke an Arbeit, Krankheit usw.) Bei welchen Gelegenheiten möchte der Mensch nicht wie eine Maschine behandelt werden? Schreibe eine kleine Geschichte dazu.

A 15 Leib und Seele: der Dualismus und seine Überwindung

M 5 Überwindung des Dualismus: Friedrich Nietzsche und die große Vernunft des Leibes

Von den Verächtern des Leibes.

Den Verächtern des Leibes will ich mein Wort sagen. Nicht umlernen und umlehren sollen sie mir, sondern nur ihrem eignen Leibe Lebewohl sagen – und also stumm werden.

„Leib bin ich und Seele" – so redet das Kind. Und warum sollte man nicht wie die Kinder reden?

Aber der Erwachte, der Wissende sagt: Leib bin ich ganz und gar, und Nichts außerdem; und Seele ist nur ein Wort für ein Etwas am Leibe.

Der Leib ist eine große Vernunft, eine Vielheit mit Einem Sinne, ein Krieg und ein Frieden, eine Herde und ein Hirt.

Werkzeug deines Leibes ist auch deine kleine Vernunft, mein Bruder, die du „Geist" nennst, ein kleines Werk- und Spielzeug deiner großen Vernunft.

„Ich" sagst du und bist stolz auf dies Wort. Aber das Größere ist, woran du nicht glauben willst, – dein Leib und seine große Vernunft: die sagt nicht Ich, aber tut Ich.

Was der Sinn fühlt, was der Geist erkennt, das hat niemals in sich sein Ende. Aber Sinn und Geist möchten dich überreden, sie seien aller Dinge Ende: so eitel sind sie.

Werk- und Spielzeuge sind Sinn und Geist: hinter ihnen liegt noch das Selbst. Das Selbst sucht auch mit den Augen der Sinne, es horcht auch mit den Ohren des Geistes.

Immer horcht das Selbst und sucht: es vergleicht, bezwingt, erobert, zerstört. Es herrscht und ist auch des Ich's Beherrscher.

Hinter deinen Gedanken und Gefühlen, mein Bruder, steht ein mächtiger Gebieter, ein unbekannter Weiser – der heißt Selbst. In deinem Leibe wohnt er, dein Leib ist er.

Es ist mehr Vernunft in deinem Leibe, als in deiner besten Weisheit. Und wer weiß denn, wozu dein Leib gerade deine beste Weisheit nötig hat?

Dein Selbst lacht über dein Ich und seine stolzen Sprünge. „Was sind mir diese Sprünge und Flüge des Gedankens? sagt es sich. Ein Umweg zu meinem Zwecke. Ich bin das Gängelband des Ich's und der Einbläser seiner Begriffe."

Das Selbst sagt zum Ich: „hier fühle Schmerz!" Und da leidet es und denkt nach, wie es nicht mehr leide – und dazu eben *soll* es denken.

Das Selbst sagt zum Ich: „hier fühle Lust!" Da freut es sich und denkt nach, wie es noch oft sich freue – und dazu eben *soll* es denken.

Den Verächtern des Leibes will ich ein Wort sagen. Dass sie verachten, das macht ihr Achten. Was ist es, das Achten und Verachten und Wert und Willen schuf?

Das schaffende Selbst schuf sich Achten und Verachten, es schuf sich Lust und Weh. Der schaffende Leib schuf sich den Geist als eine Hand seines Willens.

Noch in eurer Torheit und Verachtung, ihr Verächter des Leibes, dient ihr eurem Selbst. Ich sage euch: euer Selbst selber will sterben und kehrt sich vom Leben ab.

Nicht mehr vermag es das, was es am liebsten will: – über sich hinaus zu schaffen. Das will es am liebsten, das ist seine ganze Inbrunst.

Aber zu spät ward es ihm jetzt dafür: – so will euer Selbst untergehn, ihr Verächter des Leibes.

Untergehen will euer Selbst, und darum wurdet ihr zu Verächtern des Leibes! Denn nicht mehr vermögt ihr über euch hinaus zu schaffen.

Und darum zürnt ihr nun dem Leben und der Erde. Ein ungewusster Neid ist im scheelen Blick eurer Verachtung. […]

Friedrich Nietzsche, Von den Verächtern des Leibes, in: Also sprach Zarathustra. Kritische Studienausgabe in 15 Bänden, hg. v. G. Colli u. M. Montinari, dtv, München 1999, S. 39 f.

▶ Aufträge
1. Wen könnte Nietzsche mit den „Verächtern des Leibes" meinen?
2. Stelle in eigenen Worten den Zusammenhang zwischen Leib, Seele und Geist dar, wie ihn Nietzsche hier schildert.
3. Erläutere den Unterschied zwischen Selbst und Ich. Zwischen beiden liegt ein Abstand. Wie macht sich dieser Abstand zu sich immer wieder im Alltag bemerkbar?
4. „Der Leib ist die große Vernunft" – was heißt das?
5. Setze die Darstellung Nietzsches in eine Landkarte oder in den Plan eines Gebäudes um. Gib dem Leib, dem Selbst, der Seele, dem Geist und der Vernunft einen je angemessenen Platz.

Leib und Seele: der Dualismus und seine Überwindung — A 15

M 6 Überwindung des Dualismus: Maurice Merleau-Ponty und der Leib als Symbol

Das Sehen von Tönen, das Hören von Farben kommt zustande wie die Einheit des Blicks durch beide Augen: dadurch, dass der Leib nicht eine Summe nebeneinander gesetzter Organe, sondern ein synergisches [zusammenwirkendes] System ist, dessen sämtliche Funktionen übernommen und verbunden sind. [...]

Mit der Behauptung, ich sehe einen Ton, will ich sagen, dass die Tonschwingung ein Echo in meinem ganzen sinnlichen Sein findet, und insbesondere in jenem Ausschnitt meiner selbst, der für Farben empfänglich ist. [...]

Die Sinne übersetzen sich in einander, ohne dazu eines Dolmetschs zu bedürfen, sie begreifen einander, ohne dazu des Durchgangs durch eine Idee zu bedürfen. Diese Bemerkungen lassen uns den vollen Sinn des Herderschen Wortes verstehen: Der Mensch sei „ein dauerndes *sensorium commune*, nur von verschiedenen Seiten berührt". Durch den Begriff des Körperschemas ist nicht allein die Einheit des Leibes auf neue Weise bestimmt, sondern durch diese auch die Einheit der Sinne und die Einheit des Gegenstandes. Mein Leib ist der Ort des Phänomens des Ausdrucks, oder vielmehr dessen Aktualität selbst; in ihm geht jede visuelle Erfahrung z. B. mit einer auditiven schwanger und umgekehrt, und ihr Ausdruckswert begründet die vorprädikative Einheit der wahrgenommenen Welt und hierdurch auch die Darstellung im Verbalausdruck wie die intellektuelle Bedeutung. Mein Leib ist die allen Gegenständen gemeinsame Textur, und zumindest bezüglich der wahrgenommenen Welt ist er das Werkzeug all meines „Verstehens" überhaupt.

Der Leib ist es, der nicht nur Naturgegenständen, sondern auch Kulturgegenständen, wie etwa Worte es sind, ihren Sinn gibt. Zeigt man jemandem ein aufgeschriebenes Wort für einen so kurzen Augenblick, dass er es nicht entziffern kann, so führt doch das Wort „warm" z. B. eine Art Wärmeerfahrung herbei, die es wie mit einem Bedeutungshof umgibt. Das Wort „hart" erregt eine Art Starre in Rücken und Hals, und erst sekundär projiziert es sich in das Seh- oder Hörfeld und nimmt da als Zeichen oder Vokabel Gestalt an. Ehe es Anzeige eines Begriffs ist, ist es zunächst ein meinen Leib ergreifendes Geschehnis, und seine Wirkung auf meinen Leib umschreibt seinen Bedeutungsbereich. Auf Vorzeigen des Wortes „feucht" empfand eine Versuchsperson nicht allein ein Gefühl von Feuchtigkeit und Kälte, sondern auch eine Verwandlung des ganzen Körperschemas, als käme das Innere des Leibes an seine Oberfläche und als suche die zuvor in Armen und Beinen gesammelte Leibeswirklichkeit sich neu zu zentrieren. Hier unterscheidet das Wort sich nicht von dem Verhalten, das es auslöst, und erst bei länger dauernder Gegenwart erscheint es als äußeres Bild und seine Bedeutung als Gedanke. Worte haben ihre Physiognomie, da wir ihnen, wie einer jeden Person gegenüber, ein bestimmtes Verhalten haben, das unmittelbar sich einstellt, sobald sie gegeben sind. [...]

Kurz, mein Leib ist nicht einfach ein Gegenstand unter all den anderen Gegenständen, ein Komplex von Sinnesqualitäten unter anderen, er ist ein für alle anderen Gegenstände *empfindlicher* Gegenstand, der allen Tönen ihre Resonanz gibt, mit allen Farben mitschwingt und allen Worten durch die Art und Weise, in der er sie aufnimmt, ihre ursprüngliche Bedeutung verleiht. [...] Insofern ihm „Verhaltungen" eignen, ist der Leib jener seltsame Gegenstand, der seine eigenen Teile als allgemeine Symbolik der Welt gebraucht und durch den wir somit einer Welt zu „begegnen", sie zu „verstehen" und ihr Bedeutung zu geben vermögen.

Maurice Merleau-Ponty, Phänomenologie der Wahrnehmung, de Gruyter, Berlin 1974, S. 273 ff.

▶ Aufträge

1. Hört euch ein Musikstück an, das ihr gemeinsam auswählt. Welche sinnlichen Eindrücke habt ihr außer den akustischen? Wer sieht die Töne oder fühlt und schmeckt sie?
2. Denke dir einige Gesten aus, zeige sie den anderen, die sie deuten. Inwiefern ist der Leib hier ein Symbol? Und was symbolisiert er?
3. Symbol kommt aus dem Griechischen: „symbállein" heißt soviel wie „zusammenfügen". Wenn es stimmt, dass der Leib ein Symbol ist, was fügt er dann zusammen? Überlege anhand bestimmter Gesten und Bewegungen: Was wird gezeigt und damit aneinander gefügt, verknüpft?
4. Der französische Philosoph Merleau-Ponty nennt den Leib die „allgemeine Symbolik der Welt". Was ist damit gemeint?
5. Erläutere das sprachliche Beispiel von Merleau-Ponty: „hart". Was wird hier leiblich verknüpft? Suche weitere sprachliche Beispiele dafür, wie Sinn und Bedeutung leiblich-sprachlich gegeben werden (z. B. mimisch; oder verbal: „Licht", „Dunkel", „stark", „schwach").

A 16 Mann und Frau: Rollenbilder und Klischees

M 1 Bilder von Mann und Frau I

M 2 Bilder von Mann und Frau II

▶ **Aufträge**

1. Lies in der Bibel (Genesis, 1. Mose, 1–3) die Schöpfungsgeschichte nach und achte darauf, wie Mann und Frau entstehen. Welches Verhältnis zwischen den Geschlechtern wird hier deutlich? Was bedeuten die Geschlechter biologisch?
2. Was haben die Darstellungen M 1 und M 2 mit der Schöpfungsgeschichte zu tun?
3. Versuche, einige Situationen des Alltags zu beschreiben, in denen das Verhältnis der Geschlechter zueinander von Bedeutung ist. Schreibt Dialoge und spielt solche Situationen. Vertauscht dabei auch die Rollen: Mädchen spielen die männliche, Jungen die weibliche Rolle. Was stellt ihr fest? (Beispiel: Chef und Sekretärin, Kunde und Verkäuferin).
4. Stelle die beiden Geschlechter künstlerisch dar (Bild, Foto, Collage). Du kannst dich auf die Schöpfungsgeschichte beziehen (wie M1) oder eine andere Idee verwenden. Vergleicht eure Darstellungen und diskutiert über deren Bedeutung.

Mann und Frau: Rollenbilder und Klischees A 16

M 3 Wie ich sein möchte

Alle Anwesenden schreiben auf blaue Kärtchen typisch männliche Eigenschaften und auf rosa Kärtchen typisch weibliche, pro Person sollten etwa zehn Kärtchen beschriftet werden (positive und negative Eigenschaften).
5 Einzelne Eigenschaften können mehrmals vorkommen. Kärtchen nach Farben getrennt mischen.

1. Runde: Alle Mädchen erhalten je sechs rosa Kärtchen, alle Jungen sechs blaue. Die Mädchen tauschen untereinander so lange, bis alle drei Kärtchen haben,
10 deren Eigenschaften ihnen gefallen, und drei Kärtchen, deren Eigenschaften sie ablehnen. Die Jungen machen es ebenso. Wer Mühe hat, passende Eigenschaften zu finden, kann sich bei den Reservekärtchen umsehen. Anschließend in gemischten Gruppen zusammensit-
15 zen, einander die Kärtchen zeigen und erzählen, was einem weshalb gefällt oder missfällt.

2. Runde: Dasselbe Spiel mit den Kärtchen der anderen Farbe. Diesmal ist das Gruppengespräch vielleicht noch aufschlussreicher.

Karl Hurschler/Albert Odermatt, Schritte ins Leben. Lehrerhandbuch, Klett und Balmer, Zug (Schweiz) 1993, S. 84 f.

M 4 Männer und Frauen

Gib jeweils so viele Antworten, wie dir einfallen. Benutze ggf. ein weiteres Blatt Papier.

1. Weil ich ein Junge bzw. ein Mädchen bin *muss ich* ....

....

darf ich ....

....

darf ich nicht ....

....

2. Wenn ich ein Mädchen bzw. ein Junge wäre *könnte ich* ....

....

würde ich ....

....

würde ich nicht ....

....

3. Als „Mensch" möchte ich ....

....

4. Das Wichtigste im Leben eines Mannes ist ....

....

5. Das Wichtigste im Leben einer Frau ist ....

....

Klaus W. Vopel, Interaktionsspiele für Jugendliche, Teil 3, iskopress, Salzhausen 1992, Nr. 51.

A 16 Mann und Frau: Rollenbilder und Klischees

M 5

Fragebogen zur Idealfrau

Diesen Fragebogen beantwortete
☐ ein Mädchen ☐ ein Junge

ja	nein	weiß nicht	
☐	☐	☐	Bitte kreuze deine momentane Ansicht an: Eine Traumfrau erfüllt folgende Anforderungen:
☐	☐	☐	ideale Figur
☐	☐	☐	gepflegtes Aussehen
☐	☐	☐	schöne Haut
☐	☐	☐	gesund
☐	☐	☐	modisch gekleidet
☐	☐	☐	zwischen 18 und 25 Jahre alt
☐	☐	☐	ledig
☐	☐	☐	kinderliebend
☐	☐	☐	sportlich
☐	☐	☐	religiös
☐	☐	☐	musikalisch
☐	☐	☐	romantisch
☐	☐	☐	aktiv
☐	☐	☐	selbstbewusst
☐	☐	☐	treu
☐	☐	☐	stabil
☐	☐	☐	zärtlich
☐	☐	☐	verständnisvoll
☐	☐	☐	gefühlvoll
☐	☐	☐	herzlich
☐	☐	☐	verführerisch
☐	☐	☐	weltoffen
☐	☐	☐	attraktiv
☐	☐	☐	lieb
☐	☐	☐	verwöhnt mich
☐	☐	☐	kann gut kochen
☐	☐	☐	technisch begabt
☐	☐	☐	intelligent
☐	☐	☐	höhere Schulbildung
☐	☐	☐	beherrscht mehrere Sprachen
☐	☐	☐	berufstätig
☐	☐	☐	karrierebewusst
☐	☐	☐	verdient gut
☐	☐	☐	besitzt ein eigenes Auto
☐	☐	☐	hat eine eigene Meinung und vertritt sie auch
☐	☐	☐	ist politisch engagiert
☐	☐	☐	setzt sich für Gleichberechtigung ein
☐	☐	☐	in gesellschaftlich einflussreicher Position

Fragebogen zum Idealmann

Diesen Fragebogen beantwortete
☐ ein Mädchen ☐ ein Junge

ja	nein	weiß nicht	
☐	☐	☐	Bitte kreuze deine momentane Ansicht an: Ein Traummann erfüllt folgende Anforderungen:
☐	☐	☐	ideale Figur
☐	☐	☐	gepflegtes Aussehen
☐	☐	☐	schöne Haut
☐	☐	☐	gesund
☐	☐	☐	modisch gekleidet
☐	☐	☐	zwischen 18 und 25 Jahre alt
☐	☐	☐	ledig
☐	☐	☐	kinderliebend
☐	☐	☐	sportlich
☐	☐	☐	religiös
☐	☐	☐	musikalisch
☐	☐	☐	romantisch
☐	☐	☐	aktiv
☐	☐	☐	selbstbewusst
☐	☐	☐	treu
☐	☐	☐	stabil
☐	☐	☐	zärtlich
☐	☐	☐	verständnisvoll
☐	☐	☐	gefühlvoll
☐	☐	☐	herzlich
☐	☐	☐	verführerisch
☐	☐	☐	weltoffen
☐	☐	☐	attraktiv
☐	☐	☐	lieb
☐	☐	☐	verwöhnt mich
☐	☐	☐	kann gut kochen
☐	☐	☐	technisch begabt
☐	☐	☐	intelligent
☐	☐	☐	höhere Schulbildung
☐	☐	☐	beherrscht mehrere Sprachen
☐	☐	☐	berufstätig
☐	☐	☐	karrierebewusst
☐	☐	☐	verdient gut
☐	☐	☐	besitzt ein eigenes Auto
☐	☐	☐	hat eine eigene Meinung und vertritt sie auch
☐	☐	☐	ist politisch engagiert
☐	☐	☐	setzt sich für Gleichberechtigung ein
☐	☐	☐	in gesellschaftlich einflussreicher Position

Karl Hurschler/Albert Odermatt, Schritte ins Leben. Schülerbuch, Klett und Balmer, Zug (Schweiz), 3. Aufl. 1994, S. 80.

▶ **Aufträge**

1. Fülle beide Fragebögen aus. Vergleiche sie mit denen deines Nachbarn/deiner Nachbarin. Wo seht ihr Unterschiede? Überlegt, weshalb manche Vorstellungen gleich, manche unterschiedlich sind.

2. Sammelt Gründe, warum die Bilder von (idealem) Mann und (idealer) Frau verschieden sind. Überlegt, ob diese Unterschiede biologisch, gesellschaftlich, kulturell bedingt sind.

Mann und Frau: Rollenbilder und Klischees — A 16

M 6 Ach, wenn ich doch als Mann auf diese Welt gekommen wär

Ach, wenn ich doch als Mann auf diese Welt gekommen wär
da wär ich besser dran und wüsste, wie sie sind
und alles, was ich machte, wäre sicher halb so schwer
und von der Liebe kriegte dann der andere das Kind.

5 Ich hätte monatlich nur mehr noch finanzielle Sorgen
beim Tanzen könnt ich einfach fragen: Tanzen Sie?
Und würde ich mal wach mit einem Schmerz im Kopf am Morgen
würd es nicht heißen: Deine Migräne, Liebling, das ist Hysterie.

Ich könnte mich allein in jede Kneipe setzen
10 kein Mensch würd in mir leichte Beute sehn
und mich mit widerlichen Blicken hetzen
ich könnte ungeschorn an jeder Ecke stehn.

Und dürfte auf der Straße seelenruhig rauchen
kein giftger Blick von Damen würd mich streifen.
15 Das kann man doch zur Männlichkeit gebrauchen
und alle Damen würden das begreifen.

Und wenn mir auf der Straße irgendwer gefiele
da ging ich ran und würde ein Gespräch beginnen
und keiner hätte da so komische Gefühle
20 dass ich ne Frau bin: Mensch, die Olle muss doch spinnen.

[…]

Zu Hause würd ich stets das meiste Essen kriegen
ach Mensch, ich wünsch mir so ein Mann zu sein
und auch im Bett da dürft ich immer oben liegen
und keiner sagte: Kommse, ich helf Se in den Mantel rein.

[…]

25 Das, was ich denk und sage, würde ernst genommen
weil niemand dächte, dass ein Weib nicht denken kann
und wär ich mit dem Auto mal zu Fall gekommen
hieß es nicht gleich: Lasst doch die Weiber nicht ans Steuer ran.

Ich hab genug von diesem kleinen Unterschied
30 ich will das gleiche machen wie der Mann
und dass man einen Menschen in mir sieht
und dass ich wirklich gleichberechtigt leben kann.

[…]

Bettina Wegner, In Niemandshaus hab ich ein Zimmer. Lieder und Gedichte, Aufbau, Berlin 1997, S. 27 ff.

M 7 Frauen

gross

ich mache eine gute figur
ich passe mich an,
mit diäten und make-up
5 nur eine kleinigkeit,
wirklich nur eine kleinigkeit
ist falsch

ich bin zu gross

denn frau darf doch nicht
10 auf mann hinuntersehen
denn frau darf doch nicht
stärker sein
denn frau muss doch
sich beschützen lassen
15 denn frau muss doch
hilflos sein
(oder zumindest scheinen)

ich aber bin zu gross

sei doch ruhig
20 halt dich still
mädchen wehren sich nicht
mädchen schlagen nicht zurück
mädchen haben nur angst

aber ich bin zu gross

25 darum mach' ich auch mein maul auf
darum pass' ich nicht ins schema
darum wehr' ich mich für mich
und auch mal für andere

denn ich bin gross

Karl Hurschler/Albert Odermatt, Schritte ins Leben. Klett und Balmer, Zug (Schweiz) 3. Aufl. 1994, S. 82.

▶ **Aufträge**

1. Das Lied von Bettina Wegner ist von 1975. Was könnte dennoch heute so beschrieben werden? Was trifft gar nicht mehr zu?
2. Schreibe ein Gedicht aus der Männerperspektive. Dabei könntest du z. B. Wegners Lied abwandeln: „Ach, wenn ich doch als Frau auf diese Welt gekommen wäre…".
3. Vergleicht, was die Mädchen und was die Jungen jeweils zu diesem Thema geschrieben haben. Werden unterschiedliche Rollenbilder (Klischees) deutlich? Welche Klischees kamen vor, und welche wurden karikiert?

A 16 Mann und Frau: Rollenbilder und Klischees

M 8 Der perfekte Hausmann

Ich habe mir meine Existenz als Hausmann nicht ausgesucht, sondern bin schrittweise in sie hineingeraten. Zuerst war auch bei uns alles ganz normal: eine Ehe mit einem Kind (jetzt mit zwei Kindern), wo ich meiner
5 Frau zwar ein bisschen bei der Hausarbeit half, sie aber die Planung und den Grossteil der Durchführung aller Hausfrauenpflichten übernommen hatte. Ich schrieb an einem Buch. [Uwe Bolius ist Schriftsteller und freier Journalist.] Schrittweise übernahm meine Frau die
10 Existenzsicherung für die Familie: Sie ist Lehrerin und hat erst vor einem Jahr ihre letzte Prüfung abgelegt.

Mein Ausmaß an Hausarbeit nahm mit den sich vermehrenden Pflichten meiner Frau zu. Ich lernte kochen und einkaufen (anfangs kaufte ich grundsätzlich zuviel
15 oder zuwenig oder das Falsche ein und kam meist mit dem Gegenteil dessen nach Hause, was ich einkaufen sollte); Bügeln und Stopfen war ohnehin immer schon meine Aufgabe gewesen, da meine Frau es absolut nicht mag; und sie ersparte mir dafür das Staubsaugen, das
20 ich so ziemlich in den Tod nicht leiden kann, aber sie ganz gern mag. Auch Kinder wickeln, Babyfläschchen kochen und Windeln waschen hatte ich inzwischen erlernt. Meine Frau übte den Beruf aus und sorgte für die Existenz unserer Familie: sie hatte das sichere Ein-
25 kommen; ich hingegen übernahm den größeren Teil der Hausarbeit (etwa 70 %).

Nur mit Schrecken und Unbehagen erinnere ich mich jedoch an jene Zeit, in der ich *zur Gänze* den Haushalt und das Kind versorgte. Das war besonders die Zeit
30 vor der letzten Lehramtsprüfung meiner Frau. Sie unterrichtete jeden Vormittag in der Schule, kam mittags nach Hause und setzte sich an den gedeckten Tisch; dort stand das von mir gekochte Essen und dampfte. Dann packte sie ihre Sachen und verschwand, um
35 für die Prüfung zu lernen. Ich versorgte unsere kleine Tochter und holte meine Frau abends von der Bibliothek ab; anschließend verbesserte sie dann schnell ihre Schularbeitshefte, und ich stopfte die Strumpfhose von Elisabeth, die bei den Zehen durchgerissen war.
40 Kurzum: ich spielte den perfekten Hausmann, der *nur* mehr Kochtöpfe, Putzmittel und Kinderspielsachen im Kopf hat, während mein journalistischer Nebenberuf, alldem zum Trotz, weiterlief. Mir ging es wie vielen österreichischen Frauen (etwa 40 %) mit zwei vollen
45 Berufen: Hausfrau *und* Job.

Seit dieser Zeit kann ich es jeder Frau nachempfinden, wie öde es ist, außer Haushalt und Kinderversorgung nichts anderes tun zu dürfen; oder nach der Schinderei im Beruf sich auch noch den ganzen Haushalt aufla-
50 den zu müssen. Ich verstehe und begrüße die Emanzipationsbewegung der Frauen. Die Zeiten, in denen ich nur Hausmann war, waren immer nur kurz und daher erträglich. Traudi, meine Frau, und ich versuchen, uns alle im Haushalt und mit den Kindern anfallenden Ar-
55 beiten möglichst zu teilen. Die dazu nötigen Kenntnisse und Fertigkeiten kann jeder Mann natürlich erlernen, guten Willen und Rücksichtnahme vorausgesetzt. Denn es gibt schlechterdings keine so genannte „Natur des Mannes", die nicht Geschirr abwaschen und Klomu-
60 schel reinigen lernen könnte.

Uwe Bolius, Der perfekte Hausmann. In: Unter der Oberfläche. Texte, Band 5, ÖBV, Wien 1978.

▶ Aufträge
1. Überlege, wer bei euch zu Hause welche Arbeiten im Haushalt verrichtet.
2. Diskutiert die These: Hausarbeit ist keine Frage des Geschlechts.
3. Schreibe einen Text: „Die perfekte Hausfrau". Wähle dazu die Ich-Form

Mann und Frau: Rollenbilder und Klischees **A 16**

M 9 Redensarten und Behauptungen

richtig / falsch

1. Die Atemzüge der Männer sind tiefer. ☐ ☐
2. Frauen haben längere Beine als Männer. ☐ ☐
3. Wenn Frauen im Wasser liegen, tauchen sie weniger tief ein als Männer. ☐ ☐
4. Männer leben länger als Frauen. ☐ ☐
5. Männer haben mehr Blut als Frauen. ☐ ☐
6. Frauen brauchen weniger Kalorien als Männer. ☐ ☐
7. Frauen vertragen weniger Alkohol als Männer. ☐ ☐
8. Männer haben breitere Schultern als Frauen. ☐ ☐
9. Frauen haben häufiger blaue Augen als Männer. ☐ ☐
10. Männer haben ein größeres Lungenvolumen als Frauen. ☐ ☐
11. Frauen atmen tiefer als Männer. ☐ ☐
12. Frauen haben ein kleineres Gehirn als Männer. ☐ ☐
13. Frauen speichern grundsätzlich mehr Fett in ihrem Körpergewebe. ☐ ☐
14. Schon der Anblick der weiblichen Gestalt lehrt, dass das Weib weder zu großen geistigen noch körperlichen Arbeiten bestimmt ist. Das Weib ist ein von Natur aus minderwertiges Geschöpf, das auch geistig ebenso tief unter dem Manne steht und ebenso moralisch. (Schopenhauer)
15. Ein Unterschied in der Intelligenz von Frau und Mann lässt sich wissenschaftlich nicht nachweisen. Erhalten Frauen deshalb eine schlechtere Ausbildung und minderwertigere Jobs und Berufe? ☐ ☐
16. Frauen haben eine Scheide und einen Eierstock. Sind sie deshalb besser geeignet, Staubsauger zu bedienen, abzuwaschen und Wäsche zu waschen? ☐ ☐
17. Männer haben ein Glied und Hoden. Sind sie deshalb weniger gut geeignet, Kinder zu erziehen und zu versorgen? ☐ ☐
18. Das Gesamtgewicht der Muskeln ist beim jungen Mann um die Hälfte größer als bei jungen Frauen. ☐ ☐
19. Ein Frauenzimmer, das denkt, ist ebenso ekelig, wie ein Mann, der sich schmückt. (Lessing) ☐ ☐

Lothar Staeck (Hg.), Die Fundgrube zur Sexualerziehung, Cornelsen Scriptor, Berlin 2002, S. 149.

▶ **Aufträge**

1. Füge einige Behauptungen oder Redensarten hinzu, die du schon gehört hast.
2. Welche der Aussagen hältst du für richtig, welche für falsch? Sprecht zu zweit darüber und begründet eure Meinung. Diskutiert dann in der ganzen Ethikgruppe.
3. Wie sind einige Behauptungen historisch zu erklären? Überlege, weshalb sie nicht mehr haltbar sind. Was hat sich im Laufe der Zeit verändert?
4. Kann man überhaupt allgemeine Aussagen über die Männer oder die Frauen treffen? Begründe deine Auffassung.

A 17 Geschlechterrollen werden gelernt

M 1 Geschlechterrollen werden gelernt

Gibt es den typischen Mann und die typische Frau? Was ist überhaupt männlich und weiblich? Wie gelangen wir zu einer Identität, die unsere Geschlechtlichkeit integriert? Fühlen wir uns wohl als Mann oder Frau? Oder gibt es nicht noch etwas dazwischen – also das „Mannweib" oder den „sanften Mann"? Diese und viele andere Fragen sind Thema einer Diskussion, deren zentraler Begriff *gender* ist. Während sich das englische Wort *sex* auf die biologische Ordnung bezieht, meint *gender* eine gesellschaftliche und kulturelle Klassifikation: Wie wird man zur Frau oder zum Mann gemacht? (Man spricht deshalb von „*doing gender*".) Und wie bekommt man die dazugehörigen Eigenschaften? Wie werden diese so fest zementiert, dass man kaum noch aus der typischen Geschlechtsrolle ausbrechen kann? Diese Prozesse laufen in verschiedenen Kulturen je anders ab. Es sind aber Lernprozesse; durch Nachahmung, Vorbilder, Lob und Tadel wird die Geschlechtsrolle gelernt, und so werden die Verhältnisse zwischen den Geschlechtern geprägt.

Richard Breun

M 2 Reaktionen von Eltern auf das Verhalten von Kleinkindern

Verhalten des Kindes	Elternreaktion positiv auf Jungen	Elternreaktion positiv auf Mädchen	Elternreaktion negativ auf Jungen	Elternreaktion negativ auf Mädchen
Männliches Verhalten				
Spiel mit Bauklötzen	0,36	0,00*	0,00	0,00
Hantieren mit Gegenständen	0,46	0,46	0,02	0,26*
Spiel mit Transportfahrzeugen	0,61	0,57	0,00	0,02
Wilde Spiele	0,91	0,84	0,03	0,02
Aggression: Schlagen, Schubsen	0,23	0,18	0,50	0,53
Rennen und Springen	0,39	0,32	0,00	0,07
Klettern	0,39	0,43	0,12	0,24*
Dreirad fahren	0,60	0,90	0,04	0,06
Weibliches Verhalten				
Spiel mit Puppen	0,39	0,63*	0,14	0,04*
Tanzen	0,00	0,50	0,00	0,00
Um Hilfe bitten	0,72	0,87*	0,13	0,06*
Sich verkleiden	0,50	0,71	0,50	0,00
Erwachsenen helfen	0,74	0,94*	0,17	0,06*
Hinter der Mutter herlaufen	0,39	0,79*	0,07	0,07

In dieser Tabelle ist der prozentuale Anteil der positiven (Lob, Anleitung, Trost, Erklärung oder Beteiligung an den Aktivitäten des Kindes) oder negativen (kritische Bemerkungen, einschränkende Regeln, Strafe oder Beendigung des Spiels) Reaktionen auf die jeweiligen Aktivitäten der Kinder dargestellt. Die Informationen wurden durch Beobachtung der Eltern und ihrer 20–24 Monate alten Kinder zu Hause erhoben. Die Sternchen weisen darauf hin, dass die Unterschiede in der Behandlung von Jungen und Mädchen statistisch signifikant sind.

B.I. Fagot, The influence of sex of child on parental reactions to toddles children, Child Development, 1978/48, S. 459–465.

▶ Aufträge
1. Was kannst du der Tabelle entnehmen?
2. Suche Gründe dafür, dass in manchen Bereichen die Reaktionen auf Mädchen oder Jungen so unterschiedlich ausfallen.
3. Schreibt möglichst viele Tätigkeiten von Kindern auf Kärtchen. Jede/r Schüler/in zieht ein Kärtchen und ordnet zu: Mädchen/Jungen – positiv/negativ. Diskutiert darüber, worin diese Zuordnung begründet ist und ob sie gerechtfertigt werden kann.

Geschlechterrollen werden gelernt A 17

M 3 Sexismus und nichtsexistische Erziehung

Wenn man Menschen mit ihren Fähigkeiten und Charakterzügen danach beurteilt, ob sie zum männlichen oder weiblichen Geschlecht gehören, spricht man von Sexismus. Beispiele: Du bist eine Frau, also kannst du nicht richtig Auto fahren. Du bist ein Mann, also kannst du nicht mit kleinen Kindern umgehen. Sexistische Äußerungen und Verhaltensweisen lassen sich im Alltag häufig beobachten.

Sandra Bem hat [...] eine Reihe von Vorschlägen für eine nichtsexistische Erziehung gemacht. Sie geht von der These aus, dass der Kategorie des Geschlechts in unserer Kultur zu viel Bedeutung zugemessen wird und selbst da eine Rolle spielt, wo sie irrelevant ist. [...] Da Erwachsene dem Geschlecht so viel Aufmerksamkeit widmen, wird es für die Kinder bestimmend und bekommt mehr Gewicht, als sie ihm andernfalls zumessen würden. Diesem Muster kann man laut Bem unter anderem dann entgegenwirken, wenn man den Kindern erklärt, dass das Geschlecht eine biologische Tatsache ist, die sich durch die Fähigkeit, Kinder zu gebären bzw. zu zeugen, und durch andere anatomische Merkmale definiert. Eltern sollten vermitteln, dass nicht die Kleidung oder das Verhalten, sondern die Geschlechtsorgane darüber entscheiden, ob ein Kind männlich oder weiblich ist. Auch die Eltern, die ihren Kindern die Namen für alles beibringen, was sie umgibt, vermeiden es häufig, die Genitalien zu benennen oder offen über das biologische Geschlecht zu sprechen. Aber ein Kind begreift gerade durch Benennungen und Gespräche, was für die Unterscheidung von Jungen und Mädchen ausschlaggebend ist und was nicht. Sandra Bem macht das an einem Beispiel deutlich: Sie beschreibt die Erfahrungen ihres vierjährigen Sohnes Jeremy, als er im Kindergarten eine Haarspange trug. Ein anderer Junge sagte ihm mehrfach, er sei ein Mädchen, weil „nur Mädchen Haarspangen tragen". Jeremy erklärte ihm, es sei „egal, ob man Haarspangen trägt. Wer einen Penis und Hoden hat, ist ein Junge". Um seinen Worten Nachdruck zu verleihen, zog er sich schließlich die Hosen runter. Aber der andere Junge ließ sich davon nicht überzeugen. Er sagte: „Einen Penis hat jeder, aber Haarspangen tragen nur Mädchen."

Über die Erklärung hinaus, dass sich das Geschlecht biologisch definiert, können Eltern auch manchen Botschaften über Geschlechtsrollenklischees entgegenwirken, die Kinder aus der weiteren Umwelt erhalten. [...] Eltern können zum Beispiel anmerken, wie seltsam es ist, dass in Märchen Frauen so oft gerettet werden und Männer so oft losziehen, um Abenteuer zu erleben. [...] Sandra Bem schlägt den Eltern auch vor, in Gesprächen mit den Kindern individuelle Unterschiede zu betonen („manche Jungen spielen gerne Fußball und andere nicht") und darauf hinzuweisen, dass es mehr als nur eine Ansicht darüber gibt, was richtig und was angemessen ist. So wie es verschiedene Ansichten über Politik und Religion gibt, so gibt es auch verschiedene Meinungen über angemessenes Verhalten für die einzelnen Geschlechter. So übernehmen die Kinder allmählich das Wertesystem ihrer Eltern und erkennen, dass Männer und Frauen im Grunde in fast allen Punkten gleich sind.

Paul H. Mussen u. a., Lehrbuch der Kinderpsychologie. Bd. 2, Klett-Cotta, Stuttgart, 4. Aufl. 1993, S. 23 ff.

M 4

▶ Aufträge

1. Erfindet gemeinsam kleine Szenen, in welchen die Geschlechtsrollen ungerecht und ungleichwertig zugeteilt werden, übertreibt dabei. Verändert die gleichen Szenen so, dass Sexismus ausgeschaltet wird. Wie ändert sich das Verhalten?
2. Diskutiert über die Vorschläge in M 3 und fügt weitere hinzu.
3. Worin liegt der Witz des Cartoons? Sprecht über eure TV- und Computer-Vorlieben: Gibt es geschlechtstypische Unterschiede?

A 17 Geschlechterrollen werden gelernt

M 5 Geschlechtsrolle, Sex, Gender: was folgt daraus?

Es war bekanntlich ein schwieriger und langwieriger Prozess, bis vor ungefähr 100 Jahren dem weiblichen Geschlecht der Zugang zu allen Stufen der Bildung bis hin zur Universität gewährt wurde. [...] Doch schon seit den siebziger Jahren hatte eine Veränderung eingesetzt und die Jungen sind zu den Verlierern im Bildungssystem geworden, wie Statistiken eindrücklich belegen (siehe Grafiken). Für das schlechtere Abschneiden der Jungen gibt es auch eine entwicklungspsychologische Erklärung. Jungen sind etwas langsamer in ihrer Entwicklung und durch die frühe Trennung nach Schultypen zusätzlich benachteiligt. Die Weiblichkeits- und Männlichkeitsbilder der Gesellschaft spielen ebenfalls eine Rolle. Was ist jungenhaftes Verhalten? Ist Unangepasstheit an Unterrichtsnormen in punkto Leistung und Verhalten gleich ein Grund für die Förderschule oder gäbe es andere Interpretations- bzw. Handlungsmöglichkeiten?

Der Bildungsaufstieg der Mädchen lässt vermuten, dass sich ihre Chancen auf Gleichberechtigung erhöhen. Bei genauerer Betrachtung allerdings sieht es für Mädchen doch nicht durchgängig positiv aus, was sich an drei Punkten verdeutlichen lässt:

Das Selbstkonzept von Mädchen und Jungen ist unterschiedlich: Untersuchungen bei Schülern in der 7. Klasse zeigen, dass bei der Einschätzung des eigenen Leistungsvermögens Jungen sich im Durchschnitt höher einschätzen, obwohl sie die durchschnittlich schlechteren Noten haben. Dies deckt sich mit ähnlichen Untersuchungen, die übereinstimmend feststellen, dass das Selbstwertgefühl der Mädchen in der Pubertät geradezu dramatisch einbricht.

Mädchen haben ein „Verwertungsdefizit", d. h. sie können ihre besseren Schulleistungen nicht in höhere Bildung/wissenschaftliche Qualifizierung und entsprechende Positionen auf dem Arbeitsmarkt ummünzen. Auch sind diskontinuierliche Erwerbskarrieren bei Frauen nach wie vor häufiger. Mädchen haben zwar einen Vorsprung im allgemein bildenden Schulbereich, aber ein Defizit bei berufsvermittelnden oder hochschulischen Ausbildungen.

Die Vereinbarkeit von Familie und Beruf ist nach wie vor die größte Hürde bei der Verwirklichung von Lebenskonzepten junger Frauen. Familiengründung und Stabilisierung im Berufsleben sind kaum parallel möglich. Sie müssen zeitlich versetzt nacheinander verwirklicht werden, wobei dann oft der Kinderwunsch nicht mehr realisiert wird. So bleibt jede dritte Frau in Deutschland kinderlos, bei Akademikerinnen sind es laut der Deutschen Gesellschaft für Demographie sogar 40 Prozent.

Eine kontraproduktive Konkurrenz darum, ob nun Mädchen oder Jungen die bemitleidenswerten Opfer des Schulsystems sind, wäre fatal. Wie sich gezeigt hat, besteht für beide Geschlechter unterschiedlicher Förderungsbedarf.

Ein Ansatz im Unterricht wäre eine reflektierte Gestaltung [...] zeitweiser Geschlechtertrennung.

Nicht nur im Unterricht, auch ergänzend dazu, können geschlechtergetrennte Veranstaltungen hilfreich sein. So gibt es an der Laborschule Bielefeld Jungenkonferenzen, die mit Spaßraufereien nach festen Regeln beginnen. Es zeigt sich, dass Jungen unter sich durchaus auch „mädchenhafte" Verhaltensweisen an den Tag legen und zu Empathie, gegenseitiger Fürsorglichkeit und Aufmerksamkeit für Gefühle und Körperempfinden in der Lage sind, wenn sie nicht mehr unter dem Rollendruck stehen.

Ute Straub, Mädchen überrunden Jungs – oder? Schule muss sich Fragen der Geschlechterverhältnisse neu stellen. In: Erziehung & Wissenschaft, Zeitschrift d. GEW, 9/2004, S. 30 f.

M 6

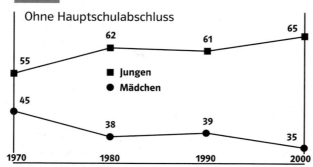

Quelle: Statistisches Bundesamt

▶ **Aufträge**
1. Was wird hier über die unterschiedlichen Entwicklungen von Mädchen und Jungen gesagt?
2. Liste auf, welche Ursachen dabei vermutet werden.
3. Welche Gründe siehst du für das unterschiedliche schulische Abschneiden von Jungen und Mädchen?
4. Schildere die am Ende genannten Verbesserungsvorschläge in eigenen Worten. Füge mindestens drei weitere hinzu. Sammelt und diskutiert eure Vorschläge. Wie können sie umgesetzt werden?

Geschlechterrollen werden gelernt A 17

M 7 Androgynie I

Es gibt große interindividuelle Unterschiede in dem Ausmaß, in dem sich geschlechtertypische Präferenzen herausbilden. Mit der zunehmenden Hinterfragung und Ablehnung traditioneller Geschlechtsrollen und geschlechtstypischer Präferenzen in den 70er und 80er Jahren kam das Androgyniekonzept auf: die Annahme, dass das psychologische Geschlecht nicht auf einer Dimension Maskulinität – Femininität verteilt sei, sondern dass Maskulinität und Femininität unabhängig voneinander variieren können. Danach gibt es androgyne Menschen, die in ausgewogener Weise sowohl stark maskuline als auch feminine Züge haben. Gemessen wird das Ausmaß der an Maskulinität, Femininität und Androgynität meist durch entsprechende Fragebogeninventare zur Erfassung der Geschlechtsrollenorientierung […].

J. B. Asendorpf, Psychologie der Persönlichkeit. Grundlagen, Springer, Berlin u. a. 1996, S. 290.

M 8 Androgynie II

Seit kurzem gilt das Muster der so genannten Androgynie, also der Verbindung von gesellschaftlich als „männlich" und „weiblich" gewerteten Merkmalen in einem Menschen, als sozial akzeptiert […]. Offenbar ist es gesellschaftlich wie individuell erwünscht, wenn Männer und Frauen „sowohl unabhängig als auch zärtlich, sowohl durchsetzungsfähig als auch nachgiebig, sowohl männlich als auch weiblich sein (dürfen) und damit in die Lage versetzt werden, unterschiedliche Situationen besser zu meistern" […]. Viele Menschen zeigen denn auch je nach Situation, Aufgabe und Umgebung in unterschiedlichem Ausmaß geschlechtsrollenspezifische psychologische Eigenschaften […]. Junge Manager können sich zu Hause ganz anders verhalten als im Büro. Trotzdem sind positive männliche Eigenschaften wie Unabhängigkeit und Selbstvertrauen die wichtigsten und anpassungsfähigsten Bestandteile der Androgynie, vor allem für Frauen.

Paul H. Mussen u. a., Lehrbuch der Kinderpsychologie. Bd. 2, Klett-Cotta, Stuttgart, 4. Aufl. 1993, S. 281 ff.

M 9

▶ Aufträge

1. Erläutere mit Hilfe von M 7 und M 8 den Begriff Androgynie. Suche im Lexikon auch den Begriff Hermaphrodit.
2. Welche weiblichen und welche männlichen Anteile findest du in dir? (Darf man überhaupt noch von solchen geschlechtsspezifischen Anteilen sprechen, wenn man androgyn sein will?)
3. Schreibt möglichst viele Fähigkeiten und Eigenschaften auf, die man „normalerweise" männlich oder weiblich nennt. Zieht reihum eine Karte und begründet, warum ihr gerade diese Fähigkeit oder Eigenschaft bei euch fördern oder eher vernachlässigen wollt.
4. Was hat der Comic in M 9 mit Androgynie zu tun?

Geschlechterverhältnis in einer anderen Kultur

M 1 Bei den Minangkabau in Sumatra I

Die Berliner Lehrerin Ursula Rieger besuchte die Minangkabau in Sumatra und berichtet Folgendes:

Die Minangkabau sind ein Volk im westlichen Bergland von Sumatra, dessen Kultur von einem matrilinear[1] geprägten Gewohnheitsrecht *(adat)* bestimmt ist. Sie stellen für die Diskussionen und Spekulationen um Matriarchate ein wichtiges Anschauungsbeispiel dar. Es handelt sich bei Kulturen mit matrilinearem Erbrecht *nicht* um Gesellschaften, in denen – verglichen mit der patriarchalen kulturellen Realität – einfach „der Spieß umgedreht ist" und Männer unterdrückt werden. Stattdessen stellen sie Lebenswelten von Frauen und Männern dar, in denen Macht und Einfluss beider Geschlechter verteilt und miteinander verwoben sind, so dass eine gerechte(re) Balance der jeweiligen Rechte und Pflichten entsteht. Die Befunde über soziale Regelungen in den verschiedenen nichtpatriarchalen Gesellschaften sind äußerst vielfältig. […]

Im so genannten Kernland der Minangkabau findet man noch die meisten in matrilinearen Großfamilien lebenden Menschen. An den Rändern und verteilt über ganz Indonesien leben Minangkabau, bei denen die soziologische Veränderung hin zur patriarchalen Kleinfamilie schon fortgeschritten ist.

Das Haus der Frauen

Das Haus, in dem ich wohnte, […] gehört wie das Land den Frauen, Großmutter und Mutter. Sie verwalten das Geld. Es herrscht die einhellige Meinung, dass der „Besitz" im Sinne der Gemeinschaft besser in der Hand der Frauen aufgehoben ist. Der Besitz wird jeweils von der Mutter zur Tochter vererbt. Für uns schwer vorstellbar ist die Tatsache, dass der Besitz dabei aber nicht als Privatbesitz der Frau verstanden wird, sondern immer als Gemeinschaftsbesitz. Die Minangkabau können ihr Land gar nicht verkaufen. […]

Die Kinder sind die Kinder der Frau. Sie sind immer auch Kinder der Gemeinschaft, der Sippe. Das bei uns übliche Besitzdenken – *„mein* Kind, *dein* Kind" – ist so gar nicht entwickelt. Alles ist ein Gefüge. Wie auch bei vielen anderen matrilinearen Gemeinschaften haben die Kinder als wichtigste männliche Bezugsperson nicht ihren biologischen Vater, sondern ihren Onkel. Der Bruder der Mutter übernimmt wichtige Pflichten bei der Kindererziehung.

Der biologische Vater hat immer auch ein Standbein in seinem eigenen Mutterhaus. Wenn die Ehe nicht klappt, geht er dahin zurück. Wenn er seinerseits in seinem Mutterhaus die Rolle des Mutterbruders ausfüllt, dann muss er pendeln und dort seine Pflichten erfüllen. Er bespricht alle wichtigen Erziehungsangelegenheiten mit seiner Schwester.

Vor allem der Respekt vor den alten Frauen hat mich beeindruckt. Man findet hier bei uns relativ selten Frauen, die im hohen Alter so selbstbewusst und würdig wirken. Dort merkt man den alten Frauen an, dass sie das ganze Leben Respekt genossen haben. Wenn ich als Frau ein Haus betrete, begrüßt die Frau des Hauses mich selbstbewusst, sie gestaltet die Situation, sie führt das Gespräch. Alle setzen sich wie üblich auf den Boden. Wenn ich – als Frau – zu einem offiziellen Besuch kam, saßen die Männer immer in der zweiten Reihe. Ich weiß nicht genau, wie es ist, wenn ein Mann zu Besuch kommt.

Wie selbstbewusst und selbstverständlich sich die Frauen im Herzland verhalten, ist mir besonders bewusst geworden, als ich auf meiner Rückreise bei einer anderen Minangkabau-Familie Hunderte von Kilometern entfernt zu Besuch war. Ich hatte im Bus einen Vater mit Tochter kennen gelernt, und sie luden mich zu sich nach Hause ein. Ich kam in die Wohnung, und die Frau saß ganz verschüchtert da. Sie hatten acht Kinder. Ich war seit drei Wochen gewohnt gewesen, dass die Frauen im Mittelpunkt sind und reden. Und diese Frau saß nur still da und nickte komisch. Mir wurde anhand dieser Kleinigkeit bewusst, wie die Frauen sich verhalten, wenn der Mann alles dominiert. Das wäre im Kernland undenkbar.

Annegret Böhmer/Ursula Rieger: „… schärfer als das Patriarchat …?" Ein Reisebericht im Unterricht zum Thema Miteinander von „echten" Frauen und Männern, in: Ethik Unterricht 2/1998, S. 33–38.

[1] matrilinear: in der Erbfolge der mütterlichen Linie folgend

▶ **Aufträge**

1. Schlagt in einem Lexikon die Begriffe Matriarchat und Patriarchat nach.
2. Versucht, den Begriff „Respekt" zu klären: Was stellt ihr euch unter „Respekt vor Frauen" vor? Gibt es vielleicht einen Begriff, den ihr besser findet als Respekt? Würdet ihr es richtig finden, „Respekt" vor eurer Mutter zu haben?
3. Beschreibt verschiedene alte Frauen, die ihr kennt. Welche Stellung haben sie in der Gesellschaft?
4. Was haltet ihr von dem Verhältnis zu Kindern, das hier beschrieben ist?

Geschlechterverhältnis in einer anderen Kultur A 18

M 2 Bei den Minangkabau in Sumatra II

Frau und Mann werden bei den Minangkabau nicht als Gegensätze gedacht, sondern als zwei Seiten einer Medaille. Dadurch, dass alle Menschen immer in einer Gemeinschaft leben, hat die Beziehung zwischen Frau und
5 Mann eine andere Bedeutung als bei uns. In der traditionellen Dorfstruktur wählten sich die jungen Frauen einen „guten" Mann, einen, der in der Gemeinschaft seinen Beitrag leistete, einen, mit dem sie gern Kinder zeugen wollten. Sie waren auf ein Gefühl von „Verliebt-
10 sein" oder „Liebe" gar nicht so fixiert und angewiesen, weil sie ohnehin immer in der Gemeinschaft waren. Bei den Minangkabau kann sich ein Mann gar nicht leisten, irgendwie schlecht oder gar gewalttätig zu einer Frau oder den Kindern zu sein. Das ist völlig undenkbar, weil
15 ja immer die Familie der Frau im Haus ist.
Zunächst habe ich lange nicht glauben können, dass die Männer dort keine Gewalt ausüben, dass tatsächlich keine Vergewaltigungen vorkommen. Ich weiß natürlich nicht mit absoluter Gewissheit, dass das nie vorkommt.
20 Aber nach langer Zeit bin ich zu dem Schluss gekommen, dass es tatsächlich so ist. Ich weiß zwar nicht, wie in dem Fall die Strafe aussehen würde, aber ich bin sicher, dass die Empörung immens und die Folge vermutlich der Ausschluss aus der Gemeinschaft wäre.
25 Ich habe auch nicht erlebt, dass die Frauen vor den Männern Angst haben. So wie ich es beobachtet und erlebt habe, kommen die Männer auch nicht auf die Idee, Frauen zu bedrohen. Es ist nicht in ihren Köpfen. Sie brauchen es nicht zur Bestätigung ihrer Männlich-
30 keit. […]

Reif werden für die Gemeinschaft – Das Männerhaus

Fürsorge und Nähren sind bei den Minangkabau traditionell die höchsten Werte. Diese Werte werden bei uns
35 ja zum Teil sehr abgewertet, weil sie „nur Frauenarbeit" darstellen. Um diesen „weiblichen" Werten auch entsprechen zu können, gehen die Jungen der Minangkabau mit 12 Jahren in das so genannte Männerhaus. Für eine Zeit wohnen und schlafen sie ausschließlich dort.
40 Dieses Haus ist für Frauen tabu. Hier leben und wirtschaften die Männer allein. Die erwachsenen Männer führen die Jungen in die Kultur ein, in die Sitten des Clans und der Religion. Die Jungen werden über Sexualität aufgeklärt, und sie lernen auch eine Form der
45 Selbstverteidigung.
Vor allem aber lernen die Jungen im Männerhaus Gespräche zu führen. Die Minangkabau haben eine ausgeprägte Gesprächskultur, mit der sie meisterhaft Konflikte lösen. Das liegt an einer erlernten und geschulten
50 Fähigkeit von Männern und Frauen, die in unserer Gesellschaft immer als „weibliche Eigenschaft" gesehen wird. Es ist eine Gesprächskultur mit Zeit, mit sozialen Werten und Ritualen. Es geht nicht um Selbstdarstellung. Das Zuhören ist wichtig, das Ausreden-Lassen ist
55 wichtig und vor allem die gegenseitigen Beziehungen. […]
Auch wenn die Frauen das Geld und den Besitz haben, sind sie nicht mehr wert als die Männer. So würden sie selbst das nie sehen. Männer und Frauen haben ver-
60 schiedene Aufgaben für die Gemeinschaft und sind dabei gleich wichtig. Die Minangkabau sind eine Ackerbaugesellschaft. Frauen sind zuständig für das Haus und den Ackerbau. Die Männer arbeiten im Handwerk und sind nur zum Teil zuständig für die Arbeit auf den
65 Feldern, unter anderem auf den schwerer zugänglichen Berggebieten. Die Männer repräsentieren den Clan nach außen – nicht ohne Abstimmung mit den Frauen und nachdem in der Gemeinschaft eine Übereinkunft erzielt wurde. Es ist ja nicht grundlegend falsch,
70 dass Männer und Frauen verschiedene Aufgaben ausüben, sondern das Problem ist die Bewertung. Die Männer machen auch bei den Minangkabau die körperlich schwere Arbeit. Bei uns wird diese schwere körperliche Arbeit höher bewertet als Frauenarbeit. Sie wird bes-
75 ser bezahlt. Dort ist diese Arbeit nicht mehr wert als die grundlegend wichtige Arbeit für das Haus, die Nahrung, die Fürsorge für die Gemeinschaft.

Annegret Böhmer/Ursula Rieger: „… schärfer als das Patriarchat …?" Ein Reisebericht im Unterricht zum Thema Miteinander von „echten" Frauen und Männern, in: Ethik & Unterricht 2/1998, S. 33–38.

▶ Aufträge
1. Frau und Mann werden bei den Minangkabau nicht als Gegensätze gedacht. Überlege, wie das in unserer Gesellschaft ist.
2. Bei den Minangkabau ist Fürsorge der höchste Wert. Was sind die höchsten Werte in unserer Kultur?
3. Könntet ihr (Jungen) euch vorstellen, in so ein reines Männerhaus zu ziehen? Haben eure Väter, Großväter, Onkel euch bestimmte Sachen beigebracht, die Jungen wissen sollten? Welche? Wer hat euch erklärt, wie man Gespräche führt?
4. Diskutiert abschließend, ob es ein Miteinander und eine zentrale Form der Arbeitsteilung gibt, die für beide Geschlechter besser sein könnte als die heutige Realität unserer Kultur und Gesellschaft.

Kommentar

I. Identität

Identität meint Sichselbstgleichheit. Die Frage nach der Identität eines Menschen ergibt sich *erstens* aus der Erstreckung des Lebens in der Zeit, *zweitens* aus der Vielfalt der Beziehungen des Einzelnen mit den Anderen, *drittens* aus der Fähigkeit der Selbstreflexion, *viertens* aus dem Problem der Seinsweise des Menschen: ist er wesentlich Körper, Seele oder Geist?

Kinderfoto als Impuls

Die *erste* ist die vertikale, die *zweite* die horizontale, die *dritte* die selbstdistanzierende, die *vierte* die ontologische Dimension der Identitätsfrage. Die vier Dimensionen überlagern und vermischen sich. Das menschliche Individuum kann also fragen: 1. Bin ich noch derselbe, der ich vor zwanzig Jahren oder gestern in jener Situation war? – 2. In der Schule bin ich ganz anders als zuhause; wie also bin ich eigentlich – bin ich dabei immer derselbe? – 3. Habe ich das tatsächlich getan? Werde ich es fertig bringen, den Lehrer oder meine Eltern anzulügen? (Dies enthält zugleich die Frage nach der moralischen Konsistenz der Person.) – 4. Bin ich derselbe, obwohl sich mein Körper verändert (oder gar dann noch, wenn er stirbt und verwest, da doch vielleicht meine Seele und/oder mein Geist weiterleben)? Die moderne Medizin und Gentechnologie spitzen solche und ähnliche Fragen noch zu, wenn man Möglichkeiten der Hirntransplantation oder Genmanipulation bis hin zum Klonen in Betracht zieht. Hier gibt es keine endgültigen Antworten, lediglich Versuche, gangbare Wege nicht so sehr für die Theorie, sondern für die Lebenspraxis zu eröffnen.

Die Überlegungen und Unterrichtsvorschläge zur Identität zielen nicht auf eine direkte Erkenntnis des „Selbst", sondern sind dem Gedanken der „vermittelten Unmittelbarkeit" (Plessner) verpflichtet. Das heißt: der Mensch erkennt sich nur dadurch, und er wird zu dem, was er ist nur dadurch, dass er sich entäußert, sich ausdrückt, etwas darstellt, zeigt, kurz: ins Werk setzt. Dabei verwendet er Mittel, die er seiner körperleiblichen Verfassung verdankt: Mimik, Gestik, Masken, Rollen, Sprache. Was er mit diesen Mitteln geschaffen hat, kommt als von ihm gewirktes Objekt zu ihm zurück. Die Beschäftigung mit seinen Objektivationen (das was gegenständlich und insofern wahrnehmbar geworden ist) und Verkörperungen kann ihm zur Selbsterkenntnis verhelfen, sowohl individuell als auch, was die Gattung betrifft.

In diesem Sinne wird im ersten Themenkomplex „Identität" versucht, durch den Umgang mit Gedichten, Bildern, Cartoons und theatralischen Mitteln eine *Distanz zu sich selbst* herzustellen, über die hinweg der *Blick auf sich selbst* gerichtet werden kann. Wie scharf und präzise dieser ist, muss dem Einzelnen überlassen bleiben, man kann ihm lediglich Hilfestellung geben, um die Reflexion über sich selbst anzuregen, und darüber hinaus auch einige theoretische Einsichten dazu zu gewinnen.

A 1: Auf der Suche nach dem Ich

M 1

Gedichte eignen sich dazu, Fragen zu bearbeiten, die schwerlich in Aussagen und Feststellungen formuliert werden können. In poetischer Verdichtung lassen sich solche Themen eher fassen als durch Verwendung analytischer Begriffe, die die Frage zu sehr auf theoretisch handhabbare Formeln reduzieren. Die dichterische Form kommt außerdem dem anschauungsgebundenen und symbolischen Denken Heranwachsender entgegen.

M 2/M 3

In dem Text von Matthew Lipman werden Fragen aufgeworfen, die auch religionsgeschichtlich früh eine Rolle gespielt haben. Materialistische Deutungen, dass es der Körper sei, der den Menschen ausmache und nichts sonst, stehen gegen idealistische und spiritualistische Deutungen, die das Wesen des Menschen in einem nichtkörperlichen Selbst suchen, das dann auch als unsterblich aufgefasst wird. Die Frage nach dem Teilsein von etwas an einem Anderen, Größeren, legt das Modell einer zusammengesetzten Ganzheit nahe. Nach diesem Modell lässt sich das Selbst, zu dem die Teile gehören sollen, schwer vorstellen. Man verstrickt sich dann mit den Antworten schnell in Aporien (Auswegslosigkeiten). Zutreffender ist die Vorstellung, dass das Selbst in einem stetigen Prozess des Werdens begriffen ist und nur im Vollzug existiert (wie bereits Fichte klar gesehen hat). Dabei nutzt es den Körper und muss immer wieder feststellen, dass dieser sich auch „selbstständig" machen kann. Es gibt also eine Kluft zwischen „meinem" Körper und „mir", die sich eben nur im Tun überwinden lässt. Folgerichtig hat der Mensch immer schon versucht, das Selbst irgendwie zu fixieren: z. B. durch die Namengebung, durch Identifikation mit Verwandtschafts- und anderen Beziehungen, heute auch in auffälliger Weise durch Identifikation mit dem eigenen Körper, auch damit, wie man sich durch Kleidung und andere Stilmittel zeigt. Festzuhalten ist, dass jenseits solcher Identifikationen immer ein (letztlich unaufgeklärter) Rest bleibt, das in Redeweisen wie „das Unverfügbare" einer Person eingegangen ist.

M 4

Der Fragebogen, den der Schriftsteller Marcel Proust in seinem Leben zweimal ausfüllte und der jetzt seinen Namen trägt, war in den Salons der Vergangenheit ein beliebtes Gesellschaftsspiel. Proust hat diesen Fragebogen einmal mit vierzehn und einmal mit dreiundzwanzig Jahren beantwortet. So konnte er auf spielerische Weise Veränderungen und Gleichbleibendes in seiner persönlichen Entwicklung feststellen. Die Schüler können, bevor sie diesen Fragebogen sehen, einen eigenen zusammenstellen.

Kommentar

A 2: Was bleibt gleich im Wandel?

M 1 – M 3

Platon hat im Dialog *Phaidon* (87df.) die Frage danach gestellt, was von Sokrates bei allem Werden und Vergehen bleibt. Im Fortgang des Dialogs wird die Unsterblichkeit der Seele postuliert. Ganz zu Anfang des Dialogs (58) wird auch auf das Schiff des Theseus hingewiesen. Die Athener schickten, um einen Krieg mit Minos zu vermeiden, alle neun Jahre ein Schiff mit sieben Jungen und sieben Mädchen nach Kreta, die dem dortigen Minotaurus geopfert wurden. Beim dritten Mal fuhr Theseus mit, der den Minotaurus erlegte. Das Schiff wurde zum Paradebeispiel für die Frage nach dem, was gleich bleibt, wenn viele oder alle Teile nach und nach erneuert werden. Seine Identität, so lässt sich hier dem Mythos folgend sagen, liegt nicht im Materiellen, sondern in der „Idee", in dem nämlich, was die Griechen mit dem Schiff symbolisch verbinden (vgl. Ekkehard Martens: Philosophieren mit Kindern. Eine Einführung in die Philosophie, Stuttgart: Reclam 1999, S. 35): die Rettung ihrer Kinder aus den Klauen des Ungeheuers und die Heldentat des Theseus. Dieser Begebenheit wurde in einem Fest zu Ehren Apollons gedacht, und in dieser Zeit durfte es keine Hinrichtungen geben, so dass auch Sokrates den Giftbecher erst nach Ablauf der Festlichkeiten erhielt (vgl. Phaidon, 58). Die Geschichte vom Schiff variiert Matthews (M 1) und Thomas Hobbes (1588–1679) bezieht sich direkt auf sie (M 3). Sein Buch „Anfangsgründe der Philosophie, erster Abschnitt: Vom Körper" ist erstmals 1655 in London erschienen. Hobbes versucht, die Frage nach der Individuation, also danach, was in der Entwicklung einer Sache oder eines Menschen gleich und beständig bleibt, weder mit der Materie (z. B. das Holz der Planken) noch mit der Form (des Schiffes) zu beantworten, sondern in die Benennung zu setzen. Dann aber unterscheidet er Dinge, die aus Materie zusammengesetzt sind, von solchen Einheiten, die von einem „Lebensprinzip der Bewegung" gesteuert werden, z. B. Menschen oder Staaten. Die bleiben dieselben, auch wenn sich ihre Materie verändert, während etwas Materielles mit dem Austausch seiner Teile sukzessive zu etwas anderem wird und am Ende nicht mehr dasselbe ist. Von der Beschreibung Hobbes' aus kann Bezug genommen werden auf A 1/M 3: Welche der genannten Antworten beziehen sich auf die Materie, welche auf Akzidentelles (nicht notwendige Merkmale), welche auf Form und welche sind weder auf Materie (und Akzidenzien) noch auf Form bezogen, sondern auf Herkunft, kulturelle Tätigkeiten, Inhalte des Bewusstseins und eigene Hervorbringungen?

Weitere mögliche Aufgabe:
- Der Personalausweis ist ein Identitätsnachweis (engl. „identity card", frz. „carte d'identité"). Was bedeutet das eigentlich?

M 4

Dieses Material ist besonders für leistungsstärkere Klassen geeignet, die Freude daran haben, aus der eigenen Lebenswelt gewonnene Einsichten (etwa die der Beeinflussung durch andere) in einen größeren theoretischen Kontext zu betten. Im Prozess der Identitätsbildung entstehen immer wieder Konflikte zwischen zwei Tendenzen: „man selbst" sein zu wollen und „wie die anderen" sein zu wollen; sich selbst zu bestimmen und sich bestimmen zu lassen (z. B. von der Gruppe, zu der man gehören will). Beide Tendenzen müssen immer wieder neu ausgeglichen werden. In kleinen Alltagssituationen, die für die jeweilige Altersklasse typisch sind, lässt sich dieser Prozess veranschaulichen. Beispiele:
- Kleiderwahl: ziehe ich an, was die Anderen anhaben und anerkennen oder wähle ich nach eigenem Geschmack (der selbst wiederum durch die Übernahme der Haltungen Anderer ausgeprägt wird)?
- Entscheidungen in der Klasse: ärgere ich andere Schüler oder Lehrer, weil es die Anderen tun oder entscheide ich mich dagegen?
- Rauche ich, weil es alle tun oder verzichte ich aus eigenen Stücken darauf?

Die Schüler sollten solche Situationen schriftlich entwickeln, inszenieren und gemeinsam auswerten.

A 3: Der Begriff „Identität"

M 1 – M 3

Es scheint kein Zufall zu sein, dass sich aus der Bezeichnung für die Maske des Schauspielers in der Antike der Begriff der Person entwickelte, also jener Begriff, der das Unverfügbare, Unverwechselbare des Menschen meint, dem Würde zukommt und Freiheit zugesprochen werden muss (vgl. dazu Richard Weihe: Das Paradox der Maske. Geschichte einer Form, München 2004). Für den Menschen gab und gibt es immer diese Doppelheit: zu sein und sich zu zeigen. Die Fragen, die sich daran knüpfen, lauten: bin ich so, wie ich mich zeige oder zeige ich mich so, wie die andern mich sehen sollen – und: bin ich dann so, wie die andern mich sehen? Darauf beziehen sich der Text von Anselm Strauss und die Selbstinszenierung von Cindy Sherman. Es ist zugleich einer der tiefen Grundkonflikte von Heranwachsenden. Es sollte klar werden, dass es nicht „das Selbst" hinter „der Maske" gibt, sondern dass das Selbst sich so entwickelt, wie es gewohnt ist, sich zu zeigen und zu geben, und dass man durch die Gewöhnung an bestimmte Haltungen und Selbstdarstellungen ein entsprechendes Selbst „wählt", zu dem man aber immer noch reflexive Distanz gewinnen kann. Wichtig ist es, sich nicht auf eine bestimmte Rolle fixieren zu lassen.

Kommentar

Weitere mögliche Aufgabe:
- Betreibt selbst gemeinsam in Kleingruppen Fotokunst nach dem Beispiel Cindy Shermans. Überlegt vorher: Was oder wen, welche Situation oder welchen Typus wollt ihr darstellen?

M 4 – M 7

In diesen Materialien wird die Thematik der möglichen Verwandlung des Selbst in andere Rollen – hier durch Schminken und Maskieren – vertieft und veranschaulicht. Es empfiehlt sich, spätestens an dieser Stelle solche Erfahrungen selbst machen zu lassen. Durch die gewählte Maske wird ein Abstand zu sich bzw. der Person selbst, der sie allererst sichtbar machen kann, möglich (das ist der Effekt des in M 5 geschilderten Vorgangs). Und umgekehrt kann ein körperliches Zeichen, ein Stigma (wie in M 7), einen Menschen für die anderen in einer Weise „sichtbar" und auffallend werden lassen, wie er sich selber nicht sieht; er wird das Stigma, wenn es nicht operabel ist, aber nicht los. Solche Stigmata können auch nichtkörperlicher Art sein, z. B. ein begangener Fehler, an den sich alle immer erinnern. Die Schüler sollten Möglichkeiten der Stigmatisierung selbst nennen und vorschlagen, wie mit ihnen umzugehen ist.

II. Freiheit und Unfreiheit

Die Suche des Einzelnen nach sich selbst, nach der eigenen Identität, vollzieht sich nicht im luftleeren Raum, sondern in der Umgebung, in die er hineingeboren ist, und deshalb nicht unabhängig. Er hält sich an diejenigen, die ihm nahe sind oder von denen er glaubt, dass sie ihm etwas bieten können, dass er gar so sein will wie sie. Das heißt: er steht unter Einfluss. Auf der anderen Seite möchte er frei sein, selbst entscheiden, wer und was er ist und werden will. Zwischen Freiheit (Unabhängigkeit, Selbstbestimmung) und Unfreiheit (Abhängigkeit, Fremdbestimmung) bewegt sich der eigene Lebenslauf.

Der Bezug von Freiheit und Unfreiheit kann als Kontinuum gedacht werden. Zwischen den Polen absoluter Freiheit (das wäre die eines Gottes, missverstanden als Gedanke einer Ungebundenheit des einzelnen Menschen, die zu rücksichtslosem und gleichgültigem Verhalten führen kann) und absoluter Unfreiheit (das wäre eine Zwangssituation, in der sich das Individuum nicht einmal mehr zu einem freien Denken aufschwingen kann), bewegen sich die Möglichkeiten gelebter Freiheit bzw. Unfreiheit. Überall, wo ein Beherrschen und Beherrschtwerden ist, entsteht die Frage nach dem, was es heißt, frei zu werden, frei *von* etwas und frei *zu* etwas. Da der Mensch über den Menschen herrschen kann, der Trieb über die Vernunft, das Gefühl über den Verstand, das Materielle über das Geistige, der unbedachte primäre Wunsch über den reflektierten sekundären, der Reiche über den Armen, die Masse über den Einzelnen, der Gewalttätige und Bewaffnete über den Gewalt Scheuenden und Unbewaffneten, die Regierung über den Regierten, das Es über das Ich – und immer jeweils, von Zeit zu Zeit jedenfalls, auch umgekehrt –, da all diese Herrschaftsverhältnisse tagtäglich stattfinden und erlebt werden, ist diese Frage zu differenzieren und historisch immer neu zu stellen. Das betrifft dann jeweils auch die Legitimation von Herrschaft: sichert oder beseitigt sie Freiheit(en)? Individuelle, soziale, politische, ökonomische, existenzielle, moralische, Willens- und Handlungsfreiheit sind voneinander zu unterscheiden, auch wenn sie miteinander zusammenhängen. Grundsätzlich steckt in der Frage nach der Freiheit die nach der Bestimmung und des Einflusses. Bestimme ich mich selbst oder tut es ein anderer oder etwas anderes für mich? Unterliege ich zu sehr fremden Einflüssen oder kann ich mit diesen Einflüssen so umgehen, dass ich sie durchschaue und mir das anverwandle, das mich zu dem Selbst macht, das ich bin?

A 4: Was ist Freiheit?

M 1/M 2

Der Cartoon zeigt einige (witzige) und z. T. triviale Beispiele für die Verwendung des Wortes „frei":
- nicht besetzt,
- befreit von alltäglich wiederkehrendem Zwang (freies Zeitfenster),
- nicht mit Kosten verbunden,
- tun und lassen können, was man will.

Für alle sprachlichen Beispiele, die die Schüler sammeln, gilt: jeweils ein anderes Wort für die jeweilige Verwendung von „frei" finden; den Gegensatz bestimmen; „frei von …" oder „frei zu …" differenzieren. M 2 bietet eine Fortsetzung und Variante dieser Sprachanalyse. Es sollten jeweils Beispiele gefunden und ergebnisoffen diskutiert werden.

M 3

Dieses Material benennt unterschiedliche Zwänge und Notwendigkeiten oder auch Möglichkeiten und Chancen:
1. anatomische Grenzen,
2. genetisch bedingte und begrenzt überwindbare Schranken des Talents,
3. Möglichkeiten durch Fleiß, Ausbildung, Ausdauer, aber auch äußere Umstände,
4. altersbedingte Pflichten,
5. Macht des Überlebenswillens und der Physis (z. T. auch überwindbar) und
6. Macht und Zwang der Gesetze.

Weitere mögliche Aufgabe:
- Was kann man tun, um die Grenzen zu überwinden bzw. die Möglichkeiten zu nutzen? Was ist die jeweilige Folge einer Pflichtverletzung bzw. Gesetzesübertretung?

M 4
Diese Begriffsklärung sollte sorgfältig gelesen werden. Die zuvor besprochenen Beispiele aus M 1 bis M 3 können den kursiv gedruckten Begriffen zugeordnet werden.

A 5: Erfahrungen von Beeinflussung und Fremdbestimmung

Da wir nicht im luftleeren Raum leben, können wir uns Einflüssen nicht entziehen. Der Prozess der Freiheit besteht zu einem großen Teil darin, sich solcher Einflüsse bewusst zu werden, sie sich anzueignen oder abzulehnen und zu überwinden.

M 1/M 2
Die Schüler können eine kurze Geschichte schreiben, in der erzählt wird, wie es zu einer Entscheidung in einer Situation kam. Dabei sollten die Einflussfaktoren deutlich werden. (Beispiel: Eines Tages wusste ich nicht recht, wie ich den Abend verbringen sollte. Meine Eltern schlugen mir vor ... Dagegen meinte meine Schwester ... Dann rief auch noch ein Schulkamerad an ...).
Mit der Planung von M 2 (die durch konkrete eigene Planungen der Ethikgruppe ergänzt werden kann) wird durch die Aufgaben der Bogen geschlagen zwischen den Auffassungen von menschlichen Handlungen als determiniert (kausalgesetzlich ableitbar) oder indeterminiert (und von mir selbst in freier Wahl in Gang gesetzt) und den davon abhängigen Auffassungen von einem „Selbst". Diese Debatte, aktuell durch die neueren Beiträge der Hirnforschung, wird später noch vertieft. Es ist festzuhalten, dass es hier keine endgültigen Antworten gibt und dass die Antworten in Relation stehen zur Beschreibung der Welt und der Wirklichkeit sowie zur damit korrelativen Selbstbeschreibung des Menschen. Kurz gesagt: wer sich als Teil einer gigantischen Maschinerie begreift, lässt sich eher treiben; wer sich frei fühlt, gestaltet sein Leben von Tag zu Tag.

M 3
Peter Bieri ist ein 1944 in Bern geborener Philosoph, der auch als Romanautor hervorgetreten ist und deshalb schwierige Themen allgemein verständlich zu erörtern vermag. Die aufgeführten sechs Formen der Unfreiheit lassen sich beispielhaft veranschaulichen:
1. sich treiben lassen, ohne seine Zukunft zu planen;
2. politisch wählen, ohne die Wahl zu reflektieren;
3. Mitmachen in der Gruppe, ohne eine eigene Meinung zu entwickeln;
4. Alkoholsucht; jeden Tag zehn Kilometer laufen, selbst wenn die Kniegelenke kaum noch mitmachen;
5. Affekthandlungen wie Zuschlagen aus Wut;
6. Situationen, die etwas vom Charakter der Erpressung an sich haben, also z. B. widerwillig einem Beruf nachgehen, weil man ja von etwas leben muss: jeden Morgen am Bankschalter stehen und überlegen, ob es nicht besser wäre, das viele Geld zu nehmen und abzuhauen.

M 4
Hier sind Gewohnheiten zu thematisieren, die man nicht mehr überdenkt, die einen aber (oft zunächst unbemerkt) einengen. Manchmal genügt es, über sie zu sprechen, um sie wieder neu akzeptieren zu können (z. B. in die Schule gehen); ein andermal sollten sie konkret verändert werden (etwa, wenn man feststellte, dass man zuviel fernsieht).

M 5
Robert Walser (1878–1956) schildert die „Biographie" eines desengagierten Menschen, eines Mitläufers oder Untertans, der zu nichts Stellung nimmt. Allerdings liegt doch in dieser Art von Selbstbeschreibung bereits eine Stellungnahme! Die gegenteilige Beschreibung wäre die eines engagierten und interessierten Menschen.

A 6: Der große Streit in Philosophie und Wissenschaft

M 1–M 3
Kants Begriffe (M 1) der Autonomie (Selbstbestimmung, Selbstgesetzgebung) und Heteronomie (Fremdbestimmung, Gesetzgebung von außen, von etwas anderem) spitzen die bisher behandelte Frage so zu, dass es die moralische Identität ist, um die es mir letztlich zu gehen hat: ich lasse mich und meinen Willen im moralischen Konfliktfall nicht von außen, und das heißt bei Kant von Trieben und Neigungen, bestimmen, sondern von mir selbst, von meiner Vernunft, die mir sagt, dass das, was ich tue, so verallgemeinerbar sein muss, dass daraus ein Gesetz werden könne, dem alle zustimmen können. Anders gesagt: ich bestimme mich so zu meinen Handlungen, dass die Achtung vor der Person des anderen gewahrt bleibt, und dass ich weder die Achtung vor mir selbst noch die Achtung anderer Personen verliere. Die moralische Bestimmung des Menschen hat Kant in den berühmten kategorischen Imperativ gefasst. In ihm wird die selbst auferlegte Pflicht ausgedrückt, der der Mensch nachzukommen hat, wenn er nicht Sklave seiner Triebe, Neigungen und anderer Fremdzwänge sein will. Es gibt unterschiedliche Formulierungen, die einen je anderen Aspekt betonen.

Theorien der Freiheit standen und stehen immer deterministische Auffassungen gegenüber. Der Determinismus sieht das menschliche Wollen und Handeln durchgängig naturgesetzlich, nach dem Prinzip von Ursache und Wirkung bestimmt (vgl. den Text von Schopenhauer in M 3). Dass es so ist, leugnet auch Kant nicht. Nur gesteht er dem Menschen zu, dass er, wie Kant es aus-

Kommentar

drückt, außer zum Reich der Natur noch zum Reich der Freiheit gehört, dass er nicht bloß ein sinnliches, sondern auch ein intelligibles Wesen ist. Problematisch bleibt die Verknüpfung zwischen beiden „Reichen". Kant sieht sie fortschreitend verwirklicht, wenn der Mensch zunehmend fähig wird, seine Vernunft zum Zuge kommen zu lassen und ein Zusammenleben nach verallgemeinerbaren Regeln unter Freiheitsprinzipien zu ermöglichen (so wie sie in der Allgemeinen Erklärung der Menschenrechte kodifiziert wurden). Dagegen steht die deterministische Auffassung vom äußeren Zwang, den gerade der Mensch braucht, um sich vor sich selbst zu schützen. Beides scheint richtig zu sein: der Mensch ist ein zu moralisch gutem Handeln fähiges Wesen, das seine entsprechenden guten Absichten frei wählt, und er ist ein Wesen, das auf das Recht, auf positive, sanktionsbewehrte Gesetze angewiesen ist, weil diese Absichten doch nicht immer dem entsprechen, was auf das Wohl aller Beteiligten gerichtet ist.

Da die beiden von Kant und Schopenhauer vertretenen Positionen in variierter Form stetig wiederkehren, sollte Folgendes festgehalten werden: Naturwissenschaftlich gesehen steht der Mensch mit seinen Handlungen in der Reihe der naturgesetzlich kausal ableitbaren Geschehnisse. Dennoch – und gegen alle diese strengen Kausalbeschreibungen – gelingt es dem Menschen nicht, von sich selbst alltagspraktisch diese Beschreibung durchzuhalten. Seine Selbstbeschreibung geht, außer in pathologischen Fällen des Selbstverlusts durch Traumata u. a., in die Richtung, dass er im Bewusstsein der Freiheit lebt (wie Kant sagt). Er handelt, als ob er frei wäre, diese oder jene Entscheidung zu treffen. Was an diesem „Als ob" noch alles an Bedingungen und Folgen hängt, wird in Kants ganzem Werk diskutiert (z. B. die Postulate von einem höchsten Gut, von der Unsterblichkeit der Seele usw.), müssen hier aber nicht zur Sprache kommen, es sei denn, die Schüler entwickeln entsprechende Ideen. Es gibt also zwei Perspektiven, und es scheint nicht zu gelingen, sie theoretisch zu vereinen, allerdings lebenspraktisch, und sogar von jenen Hirnforschern, die die praktische Bedeutung der Freiheit leugnen.

Weitere mögliche Aufgaben:
Ausgehend von einer konkreten Situation, z. B. Lüge, folgende Fragen zu den drei Fassungen des kategorischen Imperativs stellen:
- Kann die Handlungsweise allgemein für alle in dieser Situationen gelten? Würde das jeder in dieser Situation wollen können? (zur 1. Fassung)
- Könnte der Grundsatz, nach dem die Handlung erfolgt, zum „Naturgesetz" werden, und was hieße das? Was wäre z. B., wenn die Lüge zum Naturgesetz werden würde? (zur 2. Fassung)
- Sind die beteiligten Personen in einer Situation nur als Mittel benutzt, oder sind sie selbst auch als Zweck der Handlung gesetzt, d.h. sind sie in ihrer Würde und als Personen geachtet worden? (zur 3. Fassung)

M 4 – M 6
Die Thematik wird in dem Text des amerikanischen Philosophen Thomas Nagel aufgenommen. Die beiden Fragen, die er am Ende vorschlägt, bezeichnen die richtige Schlussfolgerung aus der Erörterung der Freiheitsproblematik: 1. Der Konjunktiv zeigt an, dass wir andere Möglichkeiten sehen, d. h. wir haben Distanz zu dem, was wir tun, und können es deshalb beurteilen. 2. Zu beschreiben, wie Welt und Selbst verfasst sind, bedeutet einen systematischen Entwurf zu entwickeln (wie es z. B. Kant und Schopenhauer getan haben), der sich aber an unseren Erfahrungen messen lassen muss, und umgekehrt können sich unsere Erfahrungen verändern, wenn wir sie unter dem Eindruck einer angemessenen Beschreibung neu bewerten. M 6 bietet ein Exempel dafür, inwiefern eine solche Beschreibung angemessen oder unangemessen erscheint. Solche (verkürzten, pointierten) Weltbilder können auch von den Schülern beschrieben oder gezeichnet werden.

M 7/M 8
Neuerdings ist die Debatte über Freiheit und Determinismus durch die Hirnforschung wieder belebt worden. Die Schüler sollten dazu angehalten werden, die Debatte in den einschlägigen Zeitungen und Zeitschriften zu verfolgen. Als Einstieg in die Thematik eignet sich besonders gut eine Diskussion über Entscheidungen, die die Schüler aus ihrem Alltag kennen. Diese Entscheidungen sollten jeweils unter der Perspektive der Willensfreiheit und der Perspektive des Determinismus beschrieben werden. Besonders Augenmerk sollte dabei auf den Konsequenzen dieser verschiedenen Auffassungen für den Einzelnen und für die Gesellschaft liegen. Wolf Singer gilt als einer der bedeutendsten Neurowissenschaftler der Welt. Der Mediziner ist seit 1981 Direktor am Max-Planck-Institut für Hirnforschung in Frankfurt am Main.
Peter Bieri ist Professor für Philosophie an der Freien Universität Berlin und Fachmann für Bewusstseinsfragen.

A 7: Freiheit in der Lebenspraxis

Das Angebot zum Themenkomplex „Freiheit und Unfreiheit" sollte es insgesamt ermöglichen, sich über einige unterschiedliche Facetten des Freiheitsbegriffs in theoretischer und praktischer Hinsicht Klarheit zu verschaffen. Letztendlich muss es darum gehen, sich Gedanken über die eigene Selbstbestimmung zu einem „guten Leben", einem Leben in einer gewissen Eintracht mit sich selbst zu machen. Dazu eignen sich die Formulierungen in den ersten Artikeln des Grundgesetzes und insbesondere das danach vorgestellte Konzept der Aneignung des Willens (Peter Bieri), das eine ausführlichere Behandlung lohnt; es empfiehlt sich, bei genügend Zeit längere Passagen aus dem Buch zu lesen.

Ob theoretisch nachweisbar oder nicht: wir leben, als ob wir frei wären. Es entstehen Gesetze, die praktische Freiheit sichern sollen (M 1), und wir können darüber nachdenken, wie wir unsere Lebensführung zunehmend freier in die Hand nehmen und das Leben bewusster gestalten (M 2, M 3).

M 1

In den Artikeln des Grundgesetzes geht es um die Grundrechte, die auch den Kern der Menschenrechte bilden. Aufgabe 1 kann über einen längeren Zeitraum fortgeführt werden. Aufgabe 2 verweist auf die freiwillige Selbstbindung, die man mit dem konsensuellen Beschluss und der Akzeptanz dieser Rechte eingeht. Daraus ergibt sich die Selbstbestimmung, die man gerade dadurch ins Werk setzt, dass man sich als fähig erweist, sich solche Gesetze zu geben, die der Fremdbestimmung durch andere Schranken setzen (Aufgabe 3). Mit der Unterwerfung unter solche Gesetze ist nicht der Determinismus bewiesen, sondern umgekehrt hat sich darin ein freier Wille Geltung verschafft; denn wäre er unfrei, dann wäre er nicht zu einer Reflexion und Selbstdistanz fähig, die den Personen als den Trägern des Willens gleiche Freiräume gewährt (Aufgabe 4).

M 2

In diesem Abschnitt der dritten seiner „Unzeitgemäßen Betrachtungen" mit dem Titel „Schopenhauer als Erzieher" (1874) stellt Nietzsche drei Verfahren gegenüber, die dazu geeignet sein können, sich selbst näher kennenzulernen und seinem Selbst auf den Grund zu gehen.
Erstens: in sich zu dringen bis zu den tiefsten Gründen und Abgründen hinab; das sei gefährlich und eher krank machend, unheilbar krank zumal. Zweitens: sich einmal sein konkretes Verhalten, die eigenen Hervorbringungen in Wort und Tat sowie seine Beziehungen näher zu betrachten, denn all das legt Zeugnis davon ab, wer und was man ist. Drittens: sich die eigene Bildungsgeschichte zu vergegenwärtigen, sich Rechenschaft davon abzulegen, wodurch und von wem man sich beeinflussen und beeindrucken lässt, was man eigentlich liebt und wertschätzt. Modern gesprochen, könnte man das erste als ein psychoanalytisches Verfahren, das zweite als ein verhaltensdiagnostisches oder auch hermeneutisches, das dritte schließlich als Wertklärungsmethode bezeichnen. Bereits hier, in dieser frühen Veröffentlichung, kommt die Richtung nach vorwärts und hoch hinaus (statt nach rückwärts und innen) zum Ausdruck, die Nietzsche nicht müde wird, seinen Lesern anheimzustellen, mit dem Ziel sich zu befreien. Denn Erziehung sei Befreiung: ein Aufwachen und Sichaufrichten; das bedeutet zum einen ein Nachahmen der Natur, da deren Gaben – das Sehen-, Hören-, Schmecken-, Sichbewegenkönnen usw. – genutzt und verfeinert zu werden verdienen, und zum andern ein Vollenden der Natur dort, wo sie den Menschen mit lebensbedrohlichen Vorgängen konfrontiert, denen er durch Selbstkultivierung (in der individuellen und politisch-ökonomischen Lebensgestaltung) begegnen muss und dadurch gezwungen wird, sich eine „zweite Natur" zu schaffen (in Sprache, Kunst, Musik vor allem).

Weitere mögliche Aufgaben:
- Wovon lasse ich mich beeinflussen: a) im Guten, b) im Schlechten? (Wer sind meine Erzieher?)
- Was betäubt mich, was verschafft mir einen klaren Blick? Schreibe eine kleine Geschichte, wie die Hauptperson die Welt sieht und den Alltag wahrnimmt, wenn sie betäubt ist (z.B. durch Alkohol, zuviel Fernsehen), und wie sich ihre Sicht verändert, wenn sie klar im Kopf wird.

M 3/M 4

M 3 und M 4 thematisieren jene Selbstdistanz als Voraussetzung der Aneignung des Willens, so dass er zu einem freien Willen in lebenspraktischer und moralischer Hinsicht wird. Bieri gibt die Methoden dazu an (M 3, Aufgabe 2), die zugleich den Prozess der Identitätsbildung anleiten. Einige Regeln dazu (M 4, Aufgabe 3) könnten lauten: Stelle dir die Frage, ob das, was du tust, ein anderer von dir verlangt hat. Überlege, ob du das, was du jetzt willst, auch das ist, was du noch in einer Woche oder in einem Jahr als gut beurteilen würdest.

III. Gefühl und Verstand

In den letzten Jahren ist zum Thema „Gefühle" nicht nur eine Fülle von psychologischen Büchern erschienen, sondern auch eine große Zahl an soziologischer und philosophischer Literatur. Mag sein, dass diese Entwicklung etwas mit der Hirnphysiologie und Neurologie zu tun hat, die den chemischen und physiologischen Prozessen, die das Fühlen begleiten, anstoßen oder verändern und umwandeln, zunehmend detaillierter auf die Spur kommen. Außerdem wird dadurch die Beziehung zwischen Gefühl und Verstand wieder enger gefasst, ohne dass sich bislang ein Konsens über die Begrifflichkeit, die Einteilung oder eine Phänomenologie der Gefühle feststellen ließe. Je nach Altersgruppe und Arbeitsstand der Ethikgruppe sollte zwischen „Gefühl", „Emotion", „Stimmung", „Affekt" unterschieden werden.
Gefühle sind intentional, d. h. sie richten sich auf eine Sache, ein Objekt. Allerdings: es ist etwas anderes, wie es sich anfühlt, ein Gefühl zu haben, als zu beschreiben, was man fühlt. Das „Sich-Richten-auf..." der Gefühle kann sehr verschiedener Natur sein (z. B. sich fürchten *vor etwas,* sich freuen *über etwas, etwas* bereuen, sich ärgern *wegen einer Sache* oder *über eine Person,* usw.). *Stimmungen* dagegen sind nicht in diesem Sinne intentional, sondern beziehen sich auf das Dasein des Menschen in der Welt, d. h. er wird sich selbst in seinem Bezug zur Welt und in seiner Stellung in der

Kommentar

Welt inne; seine Stimmung ist gedrückt, und er sieht die ganze Welt in düstern Farben, oder er sieht sie in hellen Farben und hat dementsprechend eine gehobene Stimmung. *Affekte* (lat. *afficere*: einwirken, stimmen, anregen) werden oft mit den Leidenschaften (griech. *Pathos*) gleichgesetzt – der Schwerpunkt liegt bei der Verwendung dieser Begriffe auf der Macht des „Gefühls", des Begehrens, der Lust oder Unlust usw. über den Menschen, der hier der Unterworfene, „Erleidende" ist, der die Dinge (er wird von ihnen „affiziert") und vor allem sich selbst nicht mehr in der Hand hat.

Emotion wird häufig in dem umfassenderen Sinn benutzt, dass man alle Komponenten bzw. Ebenen des Vorgangs unter einen Hut zu bringen versucht, jenes Vorgangs, den man ein In-Bewegung-Setzen nennen könnte (Emotion und Motiv kommen jeweils von lat. *movere*, bewegen; einwirken): demnach haben Emotionen eine physiologisch-chemisch-somatische, eine verhaltensmäßige und eine subjektive oder gefühlsmäßige Komponente. Was geschieht z. B., wenn eine Gefahr wahrgenommen wird? Somatisch gesehen schlägt das Herz schneller u.a., subjektiv gefühlt wird Furcht, das Verhalten besteht in einer Fluchtreaktion. Man kann Gefühle auch als räumliche *Atmosphären* beschreiben, die eigenleiblich spürbar sind; man kann von ihnen ergriffen werden oder auch nicht, z. B. von der Fröhlichkeit in einer Kneipe, die mich anstecken oder noch trauriger machen kann, wenn ich ihr in einer depressiven Stimmung begegne.

A 8: Das Spektrum der Gefühle

M 1 – M 6

Für diese Aufgabenreihe ist Folgendes zu beachten:
1. Es können ganz unterschiedliche Gefühle für die gemeinsame Analyse ihres Verlaufs, ihrer Funktion und ihrer Anlässe ausgewählt werden.
2. So genannte höhere Formen der Gefühle (wie Hoffnung, Reue usw., aber auch Angst und Furcht vor etwas) werden in einem Lernprozess erworben. Sie sind nicht biologisch-genetisch von vornherein als „natürliche" Ausstattung mitgegeben, sondern werden ausgehend von „Schlüsselszenarien", die man erlebt und die einen anrühren, angeeignet.
3. Erlernte Gefühlsbegriffe tragen zur Differenzierung der eigenen Gefühle bei, und umgekehrt „füllen" wir diese Begriffe, wenn wir sie gelernt und verstanden haben, mit „Gefühlserfahrungen".
4. Werte werden in einem emotionalen Austausch zwischen Personen erworben. Und umgekehrt gilt: Gefühle sind bewertend, evaluativ.
5. Gefühle sind deshalb ambivalent (mehrdeutig), weil auch die Situation des Menschen selbst, seine Stellung in der Natur und seine soziale und moralische Struktur ambivalent sind.
6. Gefühle sind universal, weil sie in der „Struktur leiblicher Kommunikation" (Hermann Schmitz) wurzeln. Untersuchungen haben ergeben, wie einige Grundgefühle in ihrem mimischen Ausdruck kulturübergreifend identifiziert werden (so Freude, Angst, Wut, Trauer).
7. Gefühle verändern sich aber historisch und unterscheiden sich kulturell, weil sie davon abhängen, wie sie von den Mitgliedern einer Gesellschaft aufgefasst und, zum Zwecke der Selbstverständigung einer sozialen Gruppe, in Ritualen, Mythen, Musik, Tanz, Drama dargeboten werden.

Es ist bei diesem Thema besonders wichtig, sich über die *Ziele* des Unterrichts in Praktischer Philosophie Klarheit zu verschaffen: altersgemäße Differenzierungen, Benennungen, Versprachlichungen von Gefühlen und emotionalen Vorgängen machen; Gefühlsausdrücke ins Verhältnis zu den grundlegenden Vorgängen setzen, um ihre Angemessenheit oder Unangemessenheit beurteilen zu können; die Sprache der Emotionen verstehen und erweitern (auch was Slang- und Dialektwörter, Redensarten und Sprichwörter betrifft); den Niederschlag von fundamentalen Erfahrungen („Schlüsselszenarien") des menschlichen Lebens in Gefühlen kennen lernen und verstehen; die Differenz zwischen „Gefühl haben" – „Gefühl ausdrücken und darstellen" – „Gefühl versprachlichen" kennen und begreifen, um z. B. die der Situation unangemessene panische Reaktion auf eine kleine Spinne beurteilen und evtl. Distanz nehmend verändern zu können. Weniger harmlos sind solche Situationen, in welchen bei manchen Menschen aggressive Gefühle nicht zuletzt dadurch ausgelöst werden, dass im Vorfeld durch bestimmte affektiv geladene Sprachregelungen Ideologien und Gefühlsmuster ausgebildet worden sind (historisches Beispiel ist die Propaganda der Nationalsozialisten, zeitgenössische Beispiele kann jede/r selbst auswählen); Gefühle anderer wahrnehmen, respektieren, nicht mutwillig verletzen; Manipulationen (sich etwas einreden oder ausreden lassen) erkennen und ihnen begegnen können; historische und kulturelle Unterschiede im Gefühlsleben kennen lernen; die bewertende Funktion von Gefühlen, auch im moralischen Sinne, begreifen (z. B. Reue, Schuldgefühl); einen produktiven Umgang mit Gefühlen lernen und üben, was zugleich einschließt, ein Verständnis für ihre Vieldeutigkeit zu gewinnen.

M 5
Weitere mögliche Aufgaben:

In folgenden Märchen werden Situationen geschildert, die Wut und Zorn nach sich ziehen: Froschkönig, Dornröschen, Rumpelstilzchen, Schneewittchen, Tischleindeckdich. In Gruppenarbeit lassen sich folgende Aufgaben lösen: An welchen Stellen wird jemand wütend? Wer ist auf wen wütend und warum? Was ist der Anlass? Wie zeigt sich die Wut? Was tut die wütende Person? Hat sie noch andere Gefühle? Jede Gruppe stellt ihre Ergebnisse vor. Einige der Szenen lassen sich dramatisch darstellen, eventuell von einem Erzähler begleitet. Dabei sollte darauf geachtet werden, dass die Gefühle in Stimme, Mimik, Gestik zum Ausdruck kommen und für die Zuschauer deutlich werden. Wie macht man das? Ihr könnt daran arbeiten, wie ein/e Schauspieler/in in unterschiedlicher Weise solche Gefühle darstellt: übertrieben, zurückhaltend, gekünstelt, verheimlichend usw. – Lässt sich jedes Gefühl mimisch und gestisch darstellen?

M 6

Nicht nur der Zorn, sondern Gefühle jeglicher Art, auch moralische wie Scham, Reue, Empörung, eignen sich dazu, daraufhin betrachtet zu werden, wie sie in Lernvorgängen bearbeitet werden. Das lässt sich auch in Szenen umsetzen: Situationen können erfunden, Dialoge geschrieben und dramatisch inszeniert werden. Beispiel: worüber und wann schämt man sich, wie vermeidet man Scham, worin unterscheiden sich moralische und nichtmoralische (soziale) Scham? Warum überhaupt schämt sich der Mensch? Daraus kann viel über den Menschen, sowohl das Individuum als auch die Gattung, gelernt werden (auch anhand der Lektüre und Deutung der biblischen Schöpfungsgeschichte mit der Vertreibung aus dem Paradies).

A 9: Verstand kommt von Verstehen

Verstand ist das Vermögen, Begriffe zu bilden, zu urteilen, zu folgern, zu verstehen. Das soll in den Übungen deutlich werden, die zu der Frage, was der Verstand leistet, vorgeschlagen werden. Jedes Unterrichtsfach kann dazu dienen, einmal näher zu bestimmen, was der Verstand hier eigentlich tut, aber auch, welche Bedeutung die Gefühle dabei haben. Wenn man zunehmend die Einsicht entwickelt, dass beide, Gefühl und Verstand, lediglich begrifflich-analytisch, nicht aber im Leben selbst getrennt werden können, sondern „kooperieren" bzw. in Wechselbeziehung ihren Beitrag leisten, sich möglicherweise auch einmal ins Gehege kommen, dann vertieft sich das Verständnis für das eigene und das fremde Selbst, für seine Struktur und seine Bedürfnisse. Gefühl bzw. Emotion und Kognition bedingen einander gegenseitig; außerdem hat das Gefühl selbst wie das Denken und Erkennen rationale Eigenschaften. Man könnte es so ausdrücken: ein kognitiver Vorgang ohne emotionale „Beteiligung" verpufft wirkungslos, eine Emotion ohne jedes kognitive Moment wäre im Grunde pathologisch.
Es ist in den Aufgaben nicht immer zwischen Verstand und Vernunft differenziert worden. Das ist auch nicht nötig, wenn es lediglich darauf ankommt, die Einheit von Kognition und Emotion bzw. deren getrennte Betrachtung zu analytischen Zwecken zu thematisieren.

M 1 – M 6:

Hier kommt es auf das eigene Ausprobieren an und auf den Transfer von Alltagserfahrungen.

M 1

Diese sprachanalytische Übung dient dazu, das ganze Spektrum des Verstehens und möglichen Nichtverstehens zu erarbeiten.

M 2

Hier kommt auch der Begriff der Vernunft ins Spiel. Vernunft geht über den Verstand insofern hinaus, als man ihr traditionell die Aufgabe zuweist, letzte Zwecke zu setzen (Kant), das Ganze des Menschseins und seiner Bestrebungen im Blick zu haben, während der Verstand mit seiner Arbeit an den daraus resultierenden konkreten Problemen und ihrer Lösung ansetzt. Der von Max Weber ins Spiel gebrachte Begriff des zweckrationalen Handelns kann Merkmale des Verstandes wie auch der Vernunft enthalten, da er sich auf die rationale Abwägung von Zweck, Mittel und Nebenfolgen bezieht. Möchte man dies in der Gruppe besprechen, dann empfiehlt es sich, Kriterien für die Berufsplanung, die private Lebensplanung oder Kaufentscheidungen beispielhaft aufzustellen und zu fragen: Welcher Zweck wird hier gesetzt? Welche Mittel werden dabei eingesetzt? Welche Folgen und Nebenfolgen hat dieser Einsatz? Welchen letzten Zweck verfolge ich im Leben?

M 6

Dieses Material stellt den erlebbaren Zusammenhang her zwischen der Analyse von Gefühl und Verstand auf der einen Seite und deren Funktion in einem konkreten Planungsablauf auf der anderen Seite.

A 10: Der Zusammenhang von Denken und Fühlen

Der Psychiater *Luc Ciompi* hat aufgrund seiner langjährigen Erfahrungen und Forschungen folgende Feststellungen zum Zusammenhang von Denken (Kognition) und Fühlen (Affekte) getroffen: „Affekte sind die entscheidenden Energielieferanten oder „Motoren" und „Motivatoren" aller kognitiven Dynamik." „Affekte bestimmen andauernd den Fokus der Aufmerksamkeit." „Affekte wirken wie Schleusen oder Pforten, die den Zugang zu unterschiedlichen Gedächtnisspeichern öffnen oder schließen." „Affekte schaffen Kontinuität, sie wirken auf kognitive Elemente [des Denkens und Erkennens] wie ein „Leim" oder „Bindegewebe"." „Affekte bestimmen die Hierarchie unserer Denkinhalte." Affekte wirken wie ein der Situation angepasster Filter für die Kognition (den Verstand), so dass es uns gelingt, die ungeheure Fülle von Informationen sinnvoll zu beschränken. „Wir können die Welt nicht anders als aus einer bestimmten emotionalen Perspektive, einer kontextgebundenen momentanen Gestimmtheit heraus betrachten." (Aus und nach: Luc Ciompi: Die emotionalen Grundlagen des Denkens. Göttingen: Vandenhoeck & Ruprecht, 2. Aufl. 1999, S. 95, 97, 98, 99, 284)

Kommentar

M 1 – M 2

Aus der Hirnforschung weiß man, dass Denken und Fühlen nicht voneinander getrennte Prozesse sind. Diese kurze Geschichte eignet sich besonders, den Schülern diesen Zusammenhang nahe zu bringen. Beim Lesen der Geschichte sollte besonders darauf geachtet werden, wie das Mädchen gerade dadurch zu überraschenden Gedanken kommt, dass es bestimmte Gefühle erlebt.

M 3/M 4

Das sind gelungene Beispiele für die Beschreibung von Gefühlen als Atmosphären. Die Resultate von Ciompi geben die Richtung an, in der die Antworten zu den Aufgaben 2 und 3 gesucht werden müssen.

Weitere mögliche Aufgabe:
- Schreibt selbst solche kleinen Texte wie „Die Stadt". Lest sie vor und achtet darauf, wie das Gefühl bzw. die Atmosphäre die Schilderung bestimmt.

A 11: Nachdenken über das Denken

M 1

„Seit den frühesten Anfängen der abendländischen Kultur wird der Sinn des Lebens vor allem in der kontemplativen Reflexion gesucht" (Robert C. Solomon: Gefühle und der Sinn des Lebens. Frankfurt a. M. 2000, S. 14), also im Denken, im Gebrauch des Verstandes bzw. der Vernunft, in der Gewinnung rationaler Einsicht, auf die man seine Lebensführung baut. Das ist bei Sokrates und Aristoteles wie auch bei den Stoikern und Rationalisten wie Spinoza der Fall. Es komme auf die Selbstbeherrschung und das heißt die Beherrschung der Gefühle an. Solomon weist dagegen darauf hin, dass Affekte die Quelle der Erfahrungen seien. Ohne dies zu berücksichtigen, entfernen sich Verstand und Vernunft von der Lebensgrundlage. Er betont die Einheit von Affektivität und Kognitivität. Beispiel: Gefühle lassen sich auf Dauer nicht verleugnen, die Fähigkeit, sie für sich selbst transparent zu machen und zu verstehen, um das Richtige daraus abzuleiten, erfordert den Verstand, d. h. sie zu benennen, zu differenzieren, ihre Quelle zu „lokalisieren" usw. Und umgekehrt: Entscheidungen sind letztlich nie bloß rational (sie werden lediglich später „rationalisiert", also mit Vernunftgründen nachträglich untermauert), sondern enthalten einen emotionalen Anteil, der sich aus Erfahrungen, Sympathien, emotionalen Motiven usw. speist.

Weitere mögliche Aufgabe:
- Schreibe ein Streitgespräch zwischen „Gefühl" und „Verstand". Die Person, zu der beide gehören, ist verliebt. Sie kämpfen um die Vorherrschaft. Überlege dir drei Versionen: Das Gefühl siegt, der Verstand siegt, beide einigen sich und gehen kooperativ an, was zu tun ist.

M 2

Der Schlaf der Vernunft gebiert Dämonen, Zauber, Magie, dann auch Ressentiments, Vorurteile, Rassismus usw. Der Schlaf des Gefühls gebiert Gefühlskälte, Bürokratismus, Mitleidslosigkeit usw.

M 3/M 4

Martin Heidegger (1889-1976) hat die Vorlesung „Was heißt Denken?" in den Jahren 1951/52 gehalten, erschienen ist sie 1954 in Tübingen. Es geht hier nicht um eine Heidegger-Interpretation, auch nicht um die umstrittene und hier nicht zu diskutierende These von der Seinsvergessenheit, sondern der Text gibt Anlass, einmal über den Zusammenhang von Denken und Interesse im Gegensatz zum bloß Interessanten und interessant Gemachten (in Presse und TV) nachzudenken. Die Schüler sollten echte Fragen aufschreiben (vielleicht anonym), die sie gerne gemeinsam erörtern würden. Außerdem sollte darüber reflektiert werden, inwiefern es echte, bedenkenswerte Fragen sind und nicht bloß solche, die aufgrund von medialen Sensationen nahe gelegt werden. Daraus müssen sich dann die eigentlichen Anliegen des Menschen herausschälen, die zugleich die großen Fragen der Philosophie waren und sind. (Beispiel Kants Fragen: Was kann ich wissen? Was soll ich tun? Was darf ich hoffen? Was ist der Mensch?)

IV. Leib und Seele

Traditionell lassen sich ontologisch, was die Seinsweise des Menschen betrifft, entweder zwei Dichotomien oder eine Trichotomie ausmachen. Man unterscheidet entweder (1) Leib und Seele oder (2) Körper und Geist, oder man geht gleich von der Dreiteilung (3) Körper, Seele und Geist aus. Diese Differenzierungen haben eine der bedeutsamsten Ursachen in der Frage nach der Beständigkeit im Wechsel des Daseins, verknüpft mit der Idee des Weiterlebens nach dem irdischen, also körperlichen Tod. Die Rätsel der Zeit und der Unsterblichkeit sind es letztlich, die zu dem Dualismus, der bis heute die Gemüter erregt, geführt haben. *Körper* sind sichtbar, naturgesetzlich bestimmbar, ausgedehnt, messbar, der Außenwelt zugehörig, haben Konturen; die *Seele* dagegen ist etwas „Innerliches", bildet eine Innenwelt aus, ist verborgen, naturwissenschaftlich nicht fassbar, konturlos, geheimnisvoll, unergründlich; dem *Geist* obliegt das Denken, er ist der Rückzugsraum, aus dessen Distanz alles beobachtet und reflektiert werden kann, er ist aber auch das, was den Einzelnen mit den Anderen vereinen kann: in der Sprache, der Musik, der Kunst, in allem, wo Einverständnis, aber auch Auseinandersetzung, „geistige" Auseinandersetzung eben, möglich ist.

Im Zentrum dieser Materialien steht der Begriff der Verkörperung, auch wenn er nicht theoretisch abgehandelt wird. Denn das Individuum muss sich bei allem, was es tut, verkörpern, das heißt, seinen Körper einsetzen, um von seinem leiblichen Zentrum aus seine Welt zu gestalten. Deshalb stehen Aufgaben im Mittelpunkt, in denen das ausprobiert werden kann: Aufgaben zu den Themen Tanz, Theater, Inszenieren, allgemein: Ausdrücken und Darstellen. Die Schüler sollen selbst herausfinden und formulieren, wie sie den Zusammenhang zwischen Körper, Leib, Seele und Geist erfahren. Die philosophischen Texte können dazu verhelfen, diese Erfahrungen zu präzisieren und zu vertiefen.

A 12: Der Mensch und sein Körper

M 1

Die Idee vom Jungbrunnen, wahrscheinlich eine Persiflage auf Paradies-Vorstellungen, war im Mittelalter Thema von Schwänken und Volksschauspielen. In diesem mythologischen Motiv bewirkt das Wasser des Brunnens eine Verjüngung des Körpers, die zugleich ein seelisches Wohlbefinden mit sich bringt. Es gehen hier uralte Vorstellungen von Erneuerung und Unsterblichkeit ein, die in verschiedenen Varianten in jeder Religion eine Rolle spielen. Heute versucht man technisch-operativ, medizinisch, mittels Drogen oder auch durch Fitness- und Wellness-Programme einen Zipfel von dieser Überwindung der Vergänglichkeit zu erhaschen und glaubt damit zugleich das Bedürfnis der Seele nach Harmonie und Ausgeglichenheit erfüllt zu haben. Darin liegt ein naives Verständnis von Ganzheitlichkeit, das sich die Gebrochenheit der menschlichen Existenz nicht klarmacht. Diese Gebrochenheit äußert sich u. a. in der Notwendigkeit, ein Verhältnis zu sich und seinem eigenen Körper eingehen zu müssen.

M 2 – M 4

Körperbewusstsein und das davon abhängige Selbstbild spielen eine zentrale Rolle in der Persönlichkeitsentwicklung Heranwachsender. Vorstellungen von einem Ideal, die in das konstruierte Körperschema eingehen, sind historisch, kulturell und gesellschaftlich bedingt. Sie können einmal mehr auf Schlankheit bezogen sein, ein andermal eher auf Leibesfülle, Kraft und Fruchtbarkeit. Heute herrscht eindeutig das Ideal vom schlanken, jugendlichen, sportlichen Körper vor, das auf nicht wenige, vor allem junge Menschen einen solchen Zwang ausübt, dass sie psychisch und physisch krank werden können (Anorexie, Bulimie, Selbstverletzungen u. a.). Andererseits lässt sich verstärkt die Verwendung des Körpers selbst als Fläche für Gestaltung feststellen: Piercing, Tattoo, Bemalung und nicht zuletzt modische Kleidung und Accessoires, in manchen Cliquen auch Gewalt und Imponiergehabe, zeugen davon (vgl. dazu Ethik & Unterricht 2/01). Veränderungen des seelischen Befindens sollen durch Alkohol, Nikotin und andere Drogen in Gang gesetzt werden. Längerfristige positive Auswirkungen haben stattdessen regelmäßige Bewegung, gemeinsamer Sport, Erlernen eines Musikinstruments oder auch Theaterspielen.

A 13: Der Zusammenhang von Leib und Seele

Das in A 12 angeschlagene Thema wird hier weiter vertieft. Es geht um eine Propädeutik zu einem angemessenen Verständnis des auch philosophisch umstrittenen Verhältnisses zwischen Leib und Seele, Körper und Geist. Ohne diese Begriffe vollständig zu klären, soll mit ihnen zunächst phänomenologisch, d. h. in konkreter Anschauung, umgegangen werden.

Hier und für alles Weitere muss man sich, von erlebbaren Phänomenen ausgehend, Folgendes klar machen: Ich sehe die Anderen als *Körper*, aber auch mich selbst, auch wenn ich mich nie ganz sehe und erfassen kann. Andererseits gehen alle meine Empfindungen, Bewegungen, Betätigungen, mimischen, gestischen, sprachlichen Gestaltungen von mir als Zentrum einer mir zugehörigen Welt aus, und das wird als *Leib* bezeichnet. Die Differenz zwischen Körper und Leib entspricht ungefähr dem Unterschied zwischen beliebigen Punkten innerhalb eines Koordinatensystems und dem Zentrum, von dem die Achsen des Systems ausgehen. Wenn wir versuchen, tanzen oder etwas Ähnliches zu lernen, bei dem der Körper zum Einsatz gebracht werden muss, erleben wir die Differenz. Wir lernen die Tanzschritte, überlegen dabei, wie es geht, welcher Fuß vor den anderen gesetzt werden muss usw., und haben den Eindruck, dass der Körper zunächst nicht voll beherrscht wird, dass der Körper, den wir haben und als Mittel verwenden, dem Leib, der wir sind und von dem gleichsam die Absichten und Befehle ausgehen, nicht immer gehorcht. Die Natur (des Körpers) verweigert sich zunächst der Kunst (dem, was man zu tun beabsichtigt), und zwar solange, bis der Körper so in den Griff kommt, dass seine künstlich erzeugten Bewegungen wie Natur aussehen: das nennen wir Anmut oder Grazie und Würde, wenn volle Selbstbewusstheit in der Beherrschung des Körpers und Selbstbeherrschung überhaupt hinzukommen. *Der Körper ist also gleich einem Ding in der Außenwelt, der Leib ist das Zentrum der Welt.*

Gleichzeitig erleben wir, was geschieht und was wir tun, wir bilden, im Erinnern, Fühlen, Beabsichtigen, Wünschen usw. eine Innenwelt aus, die wir traditionell einer *Seele* zuordnen, auch wenn wir dafür keinen Ort haben. Denn die Seele ist nicht räumlich wie der Körper, sie zeigt sich aber zum Beispiel und vor allem im Gesicht, in dem, was sich physiognomisch fixiert, oft ohne dass wir es wollen: etwa ein melancholischer Zug um die Mundwinkel oder Lachfältchen um die Augen. In Komplexen und Neurosen kann sich die Seele auch bis zu einem gewissen Grad verselbständigen, und wir versuchen, ihre Herrschaft über uns und unseren Leib (denn in seinen „Verknotungen" und „inneren Barrieren" sedimentiert sich der Komplex) mit verschiedenerlei Maßnahmen zu brechen: ein Zeichen dafür, dass

Kommentar

das Selbst fähig sein kann, auch zu seiner Innenwelt in Distanz zu gehen, um sie in Ordnung zu bringen.

Der Leib ist als Symbol bezeichnet worden (Cassirer, Merleau-Ponty), oder es ist davon gesprochen worden, dass der Leib die Seele (oft unzureichend) ausdrückt (Plessner), weil die leiblichen Verkörperungen Zeichen sind: man kann an ihnen ablesen, was jemand fühlt, zeigen oder verbergen will, manchmal auch, was er denkt. Ein extremes Beispiel: die Schamesröte lässt sich weder bloß als rein körperliches Geschehen begreifen, noch ist sie bloß ein seelischer Vorgang: sie ist beides, in ihr vereinigen sich Seele und Körper und geben ein Zeichen, das nicht einmal vom Träger des Leibes beabsichtigt ist, sondern seinen Interessen geradezu widerspricht. Solche Phänomene verweisen auf die ursprüngliche Einheit von Körperleib, Seele und Geist, die sich lediglich analytisch trennen, nicht aber im Leben aufheben lässt. Der Begriff der *Haltung* zeugt davon: in ihm ist die sichtbare körperliche Haltung gemeint, zugleich ist sie interpretierbar, weil sie eine innere Haltung anzeigt, die sich seelisch niederschlägt und geistige Formen ausprägt (Beispiel: gebeugt gehen, niedergedrückt sein, das Leben als Last verstehen).

Der *Geist* schließlich zeigt sich in dem, was er schafft: Sprache, Dichtung, Musik, Architektur usw. Er schafft es zum einen auf der Grundlage des Körpers und seiner sinnlichen Fähigkeiten (denn ohne Hören keine Musik, ohne Sehen keine Architektur usw.), zum anderen in der Verbindung der Personen, der individuellen „Geister", miteinander. Das zeigt sich schon daran, dass sich Sprache, ein Hauptmerkmal des geistigen Daseins des Menschen, nur *zwischen* Menschen ausbildet, so dass Geist als Korrelat der Mitwelt betrachtet werden kann (Plessner). Man spricht von Geistesgeschichte, weil die Werke des Menschen zwar körperlich anwesend sein müssen, wenn sie weiterleben sollen, aber nur durch den Geist nachkommender Generationen immer wieder zum Leben erweckt werden können: indem sie betrachtet, gelesen, gehört, interpretiert und verstanden oder missverstanden werden.

M 1

Für die meisten Begriffe gibt es keine eindeutige Zuordnung. Es ist sehr wichtig, das gemeinsam festzustellen. Lediglich Begriffe wie Teilbarkeit, Ausdehnung und Gewicht lassen sich eindeutig dem Körper zuordnen. Es sollte präzise beschrieben werden, um welche Phänomene es sich handelt und inwiefern sie den Kategorien zugehören.

M 2 – M 3

Sinne sind physiologisch-neurologisch beschreibbare Elemente, ihre Leistungen wirken aber durch und auf die seelische Befindlichkeit zurück; außerdem liegen sie den kulturellen, geistigen Fähigkeiten zugrunde: ohne Hören keine Musik, ohne Sehen keine Geometrie und Malerei, ohne Geschmackssinn keine Kultivierung des Essens in der Koch- und Servierkunst usw. Die Sinne können sich z. T. wechselseitig ersetzen, und sie können so zusammenwirken, dass synästhetische Leistungen möglich werden („Hören" von Farben, „Sehen" von Tönen u. a.). Auf die Grenzen der Ersetzbarkeit weist M 3 hin.

M 4/M 5

M 4 weist auf den internen Zusammenhang von Körper, Seele und Geist hin. M 5 sollte zur Erörterung entsprechender eigener Erfahrungen führen.

Weitere mögliche Aufgaben:
- Wozu benutzen wir die verschiedenen Körperteile? Wie wirken sie jeweils mit anderen zusammen?
- Man spricht von „Sitzfleisch", „Augenschmaus", „Mundwerk", „Hand und Fuß haben" usw. Schreibe möglichst viele solcher Redewendungen auf. Besprecht und erklärt sie gemeinsam. Worauf deuten solche Redewendungen hin? (Sind sie wörtlich gemeint?)

A 14: Der Körper als Mittel von Ausdruck und Darstellung

M 1 – M 3

Der Tanz steht hier exemplarisch für das Zusammenwirken von Körperleib, Seele und Geist: der Körper wird zum Instrument (Mittel) gemacht, dabei vom Leibzentrum aus gesteuert (*ich* bewege *mich*), und die Reflexion – in der sich die geistige Distanz zu sich selbst dokumentiert – über den Körpereinsatz kann ihn hemmen, ist aber auch Voraussetzung für dessen Optimierung bis hin zu dem Punkt, wo Kunst wie Natur aussieht: der Tanz zeigt Anmut und Grazie. Das ist das Thema des Textes von Kleist (1777-1811). Am Beispiel des Misslingens von Bewegungen und Haltungen lässt sich der Vorgang studieren: der Gang verändert sich, wenn man sich beobachtet fühlt, denn dann fängt die Reflexion über sich und seine eigene Haltung an: die Bewegung wirkt geziert oder steif. Der Blick der Anderen und mein eigener von dort her kommender Blick auf mich selbst müssen integriert werden: dann wird Ziererei wieder Anmut, Eitelkeit wieder unprätentiöse Selbstbeherrschung. (Der Narziss-Mythos thematisiert diesen Vorgang. Der Text aus Ovids Metamorphosen kann hierzu gelesen werden.)

M 4 – M 6

Der Vorgang der Verkörperung wird hier veranschaulicht. Da das Individuum seine „Natur" nur findet und lebt, wenn es sie künstlich macht, schafft es sich die Mittel dazu: Kleidung, Schmuck, Körperkunst. Dadurch bildet sich eine Sphäre, die den Menschen vom Tier unterscheidet. Sie erhebt sich über die Realität der nackten, dem Überleben geschuldeten Bedürfnisse und kultiviert diese. Man kann mit Helmuth Plessner geradezu von einer irrealen Sphäre sprechen, in der das

Individuum, das ja nicht einfach ist, sondern als etwas gelten muss, um zu sein, diesem Zwang und der Möglichkeit zur Geltung Genüge tut: eben in seiner Selbstgestaltung mit dem Ziel der Erlangung und Verteidigung eines Status in der Gemeinschaft, in der es lebt. Das drückt sich augenfällig in der Mode aus. Sie ist das schlagende Beispiel dafür, dass sich der individuelle Mensch mangels seiner eigenen Selbsttransparenz eine Geltungssphäre eigens künstlich zu schaffen hat: er *muss* sich in Masken, Rollen, habituellen Formen darstellen, symbolisieren, ja geradezu in eine theatralische Künstlichkeit hinein steigern. Aber der Mensch geht nicht im Modischen oder anderen Selbstdarstellungsformen auf, er ist mehr als das, denn er ist ja das Subjekt des Gestaltens. Er kann auch die Mode und überhaupt jegliche Kleidung und Ausschmückung verneinen (wie es im Asketentum geschieht, das seinerseits in bestimmten Kulturen wieder einen anerkannten Status schafft).

Die Schüler sollten erkennen, dass zum Selbstsein Selbstdarstellung gehört, dass aber auch eine Differenz zwischen Selbstsein und Selbstdarstellung liegt. Die hierin liegende Paradoxie erlebt jeder Mensch sein Leben lang immer wieder und findet häufig erst im Alter die ruhige Distanz, damit gelassen umzugehen.

A 15: Leib und Seele: der Dualismus und seine Überwindung

Philosophisch wurde den Körpern traditionell die Vergänglichkeit, der Seele die Unvergänglichkeit, dem Geist zuweilen das Überindividuelle und Ewige, jedenfalls das schöpferische Prinzip, das sich in bleibenden Werken kundgibt, zugeordnet. Maßgeblich wurden vor allem drei Auffassungen:
(1) Platons Idee der Unsterblichkeit der Seele und deren Höherbewertung im Vergleich mit dem Körper;
(2) Descartes' Unterscheidung von ausgedehntem Körper und denkender Seele, welch letztere zum Existenzbeweis führt (allerdings vermittelt durch Gott);
(3) Kants Satz „Das „Ich denke" muss alle meine Vorstellungen begleiten können", da nur durch eine solche ursprüngliche Einheit im „Ich denke", über das ich aber sonst nichts Näheres wissen kann, was seine Substanz angeht, der Zusammenhang meiner Vorstellungen, meines Denkens, Erlebens, Wollens und Handelns, letztlich also meiner Identität, meines Selbst gewährleistet ist.
Der Dualismus bricht bei Kant aber in der Unterscheidung von sinnlicher und intelligibler Welt auf. Es war die Lebensphilosophie des 19. Jahrhunderts, angefangen bei Friedrich Nietzsche, systematisiert bei Wilhelm Dilthey, die den Versuch machte, den Dualismus zu überwinden. Das mündete in die philosophische Anthropologie des 20. Jahrhunderts, die die unterschiedlichen, sich z. T. ausschließenden Blickrichtungen der Naturwissenschaften und der Geisteswissenschaften und damit auch der Philosophie als Wissenschaftslehre (heute Wissenschaftstheorie) und der Philosophie als Weisheitslehre (heute der Versuch ihrer Wiederbelebung als „Lebenskunst") aus einer, beide Positionen umfassende und sie begründende Perspektive zu integrieren versuchte.

M 1 – M 6

Die Texte bieten einen gedrängten historischen und systematischen Durchgang durch wichtige philosophische Positionen zum Leib-Seele-Thema. Sie sollten aber nicht bloß als historische Positionen betrachtet, sondern zum Anlass genommen werden, sich selbst in die Debatte mit eigenen Gedanken einzuschalten.
Lebensdaten der Autoren und Erscheinungsjahr der Texte:
M 1: Platon 427–347 v.Chr., *Phaidon*, 378–358 v. Chr.;
M 2: Platon 427–347 v. Chr., *Phaidros*, 370 o. 360 v. Chr.;
M 3: Descartes 1596–1650, *Meditationen* 1641;
M 4: La Mettrie 1709–1751, *Der Mensch eine Maschine*, 1748;
M 5: Nietzsche 1844-1900, *Also sprach Zarathustra*, 1883–1885;
M 6: Merleau-Ponty 1908–1961, *Phänomenologie der Wahrnehmung*, 1945.
Die Texte sind so ausgewählt, dass sie die Richtung vom idealistischen Dualismus (Platon) über die wissenschaftlich-analytische Trennung von Körper und Geist (Descartes), den Materialismus (La Mettrie) und den Versuch der Aushebelung des Dualismus durch Umwertung (Nietzsche) bis zur Überwindung des Dualismus (Merleau-Ponty) aufzeigen.

Mit den vorhergegangenen Übungen und Aufgaben sollten die Schüler dafür vorbereitet sein, ihre Erkenntnisse und Einsichten auf die Lektüre der Texte zu beziehen. Die Aufgaben sind jeweils so formuliert, dass sich die Texte Schritt für Schritt erschließen und mit der zuvor erarbeiteten Anschauung (A 12 bis A 14) verbinden lassen.

Weitere Aufgaben:
- Lies einige Schöpfungsgeschichten (z. B. in der zweibändigen Sammlung von Barbara Sproul oder im Bertelsmann Handbuch der Mythologie). Wie sieht sich hier der Mensch jeweils mit seinem Leib, seiner Seele und seiner Welt?
- Denke darüber nach, weshalb es diese unterschiedlichen Perspektiven des Menschen im Blick auf sich selbst gibt. Nenne mindestens zwei Ursachen bzw. Gründe. Sammelt eure Ursachen und Gründe schriftlich auf einer Wandzeitung.

Kommentar

V. Weiblich, männlich und noch mehr

Die wesentlichen Unterscheidungen gehen hier aus den Schülermaterialien des Abschnitts hervor. Grundsätzlich für das Verständnis sowohl der historischen Entwicklung, die zur Gender-Forschung führte, als auch für die Fragen und Probleme, die sich in der Moderne zum Geschlechterverhältnis ausgeprägt haben, ist die Unterscheidung zwischen Natur und Kultur. Jahrtausendelang wurden in den meisten Kulturen aus der biologisch begründeten Geschlechtszugehörigkeit die Aufgabenverteilung, das Machtverhältnis und die Bewertung der Geschlechter abgeleitet. Dagegen gab es immer wieder praktische Gegenentwürfe (man denke an Gestalten wie Jeanne d'Arc oder Olympe de Gouges) oder theoretische Einwände (z. B. von einer Schriftstellerin wie Virginia Woolf, dann von den Feministinnen der ersten Stunde wie Kate Millett oder Betty Friedan). Das Patriarchat und seine Abschaffung bzw. Überwindung war eine der Stoßrichtungen feministischer Theoriebildung. Diese führte zu der Überzeugung, dass „Geschlecht" (englisch „sex") nicht primär eine „natürliche", biologische Kategorie sei, sondern ein kulturelles und gesellschaftliches Konstrukt: „gender". „Doing gender" wurde zum Schlagwort für eine neue Generation von Geschlechterforscherinnen: das Geschlecht wird gemacht, es ist keine Naturkategorie. Man musste also das Augenmerk darauf legen, wie das Bild des Mannes und das der Frau mit den typischen „männlichen" und „weiblichen" Eigenschaften konstruiert werden, um letztlich ein kulturelles (und politisches) System zu schaffen und zu erhalten, das denjenigen nützt, die die Machtpositionen ihres Konstrukts besetzen. Die biologische Klassifikation, verbalisiert in dem Begriff „Sex", wird entlarvt als Versuch, die soziokulturelle Konstruktion von Sexualität, „Gender", zu verbergen. Das Geschlecht werde jedoch nicht mit der Geburt erworben, sondern in der Sozialisation zugeschrieben. In den Geschlechterbeziehungen spiegeln sich nicht biologische Tatsachen, sondern werden kulturelle Regelsysteme repräsentiert. Ist dies einmal erkannt, dann gilt es, über den Wert zu reflektieren, der den *gemachten* Unterschieden beigemessen wird. Und dann stellt man fest, dass in weiten Teilen der Welt die (kulturelle Konstruktion der) Frau in vielerlei Hinsicht abgewertet, der Mann (als kulturelle Konstruktion) höhergestellt wird. Abgesehen davon, dass es Menschen, die weder dem einen noch dem anderen Bild entsprechen (sei es, dass sie homophil, sei es, dass sie transsexuell in irgend einer Form sind), in einem solchen Regelsystem schwer haben (manchmal werden sie sakralisiert, was immer aber auch Ablehnung wie Faszination enthält, öfter verfolgt und gar hingerichtet), finden sich auch Menschen, die sich eindeutig einem Geschlecht zugehörig fühlen, schwer zurecht, wenn sie Eigenschaften und Fähigkeiten entwickeln, die eher dem jeweils anderen Geschlecht zugeschrieben werden. Die Ausbildung einer geschlechtlichen Identität muss auf mehr Variationsmöglichkeiten und Offenheit zurückgreifen können, um der Vielfalt der Möglichkeiten gerecht werden zu können. Auf diese Vielfalt, sowohl was die eigene Identitätsbildung als auch die Toleranz für andere Entwürfe angeht, möchten die Materialien des Kapitels vorbereiten. Nicht zuletzt bedeutet das auch, dass sich ein Mädchen als künftige Hausfrau und Mutter verstehen darf, und ein Junge als künftiger Kfz-Mechaniker oder Geschäftsmann. Damit sie oder er aber nicht hinter dieser Rolle verschwinden und mit ihr zu Grunde gehen, bedürfen sie einer Anleitung zu dem Blick über die dann am Ende gewählte Geschlechtsrolle hinaus: um ihre Rolle neu auszufüllen und den „männlichen" oder „weiblichen" Anteilen keine Absage zu erteilen.

Literaturempfehlungen:
- Renate Hof: Die Entwicklung der *Gender Studies*. In: Hadumod Bußmann, Renate Hof (Hg.): Genus. Zur Geschlechterdifferenz in den Kulturwissenschaften, Stuttgart: Kröner Verlag, 1995, S. 2-33. (als Einstieg in die Thematik)
- Susanne Schröter: FeMale. Über Grenzverläufe zwischen den Geschlechtern, Frankfurt a. M.: Fischer, 2002. (mit historischen und kulturellen Beispielen zum *gender crossing*, z. B. Transsexualität, Hermaphroditismus)

A 16 – A 18

Das Material bietet eine Mischung aus Aktion, eigener Produktion und Information. Es gibt Anlass dazu, Erfahrungen mit Geschlechtsrollen zu machen und sich darüber auszutauschen. Nähere Erläuterungen geben die Aufgaben und Texte selbst.

A 16: Mann und Frau: Rollenbilder und Klischees

M 2

Mit Hilfe dieser Karikatur lässt sich auch mit leistungsschwächeren Klassen darüber sprechen, inwieweit die eigene Identität vom Umfeld konstituiert wird.

M 9

Auflösungen:
(r = richtig; f = falsch)
1 r; 2 f; 3 r; 4 f; 5 r; 6 f; 7 f; 8 r; 9 f; 10 r; 11 f; 12 f; 13 r; 14 f; 15 f; 16 f; 17 f; 18 r; 19 f

Projektvorschläge:
1. Fertigt aus den euch alltäglich zugänglichen Zeitschriften und Zeitungen eine Collage zum Thema „Respekt vor Frauen – Respekt vor Männern" an. Möglich ist auch, dass Jungen das Thema „Respekt vor Frauen", Mädchen entsprechend „Respekt vor Männern" bearbeiten.

2. Die Schüler können sich Bücher ausleihen, in denen man etwas über das Leben von Familien in unterschiedlichen Kulturen und Weltgegenden erfährt, z. B.:
- So lebt der Mensch. Familien aus aller Welt zeigen, was sie haben. Ein Projekt von Peter Menzel, Hamburg: GEO im Verlag Gruner und Jahr, 4. Aufl. 1998.
- Barnabas und Anabel Kindersley: Kinder aus aller Welt. Bindlach: Loewe Verlag, 1995.
- Adel Th. Khoury (Hg.): Das Ethos der Weltreligionen. Freiburg, Basel, Wien: Herder, 1993.

Dabei sollte versucht werden, möglichst viel über das Geschlechterverhältnis herauszufinden, z. B. auch, ob in den verschiedenen religiösen Ausrichtungen von Kulturen die Stellung von Mann und Frau unterschiedlich ist. Die letzte Frage kann vertieft werden anhand dessen, was die Schüler über die großen Religionen gelernt haben. In den nächsten Wochen sollte auf Berichte in Zeitungen und Zeitschriften geachtet werden, in denen das Geschlechterverhältnis thematisiert wird. Diese können gesammelt und gemeinsam besprochen werden. Mit dem Material kann eine Ausstellung zum Thema: *Geschlechtsrollen, Sex und Gender* organisiert werden.

Bildgeber

10.1:	Picture-Alliance (KPA), Frankfurt
10.2:	Picture-Alliance(dpa), Frankfurt
13:	Courtesy of the Art ist and Metro Pictures Gallery.
15:	(c) Heinz Brez, München
17:	Marie Marcks, Heidelberg
21:	Konrad Heydenreich, Weil im Schönbuch
22:	mit freundlicher Genehmigung der Galerie Habdank, Berg-Starnberger See, www.habdank-walter.de (c)VGBild-Kunst, Bonn 2005
27:	Cartoon von Marol, aus: Ethik & Unterricht 2/1992, ins Deutsche übersetzt von Hartmut Heinisch, Waiblingen
34:	aus: Aliki, Gefühle sind wie Farben, 1987 Beltz & Gelberg in der Verlagsgruppe Beltz, Weinheim & Basel
36:	Volker Wendt, Markkleeberg
41:	Klett-Archiv (Erhard Müller), Leipzig
43:	ullsteinbild (Archiv Gerstenberg), Berlin
46, 48:	AKG, Berlin
52:	Sandy Schygulla, Leipzig
53:	Corbis (Bernardo Bucci), Düsseldorf
54.1:	AndreDerain (1880–1954): TheDance, 1906 (oil on canvas), Private Collection(c) Foto: The Bridgeman Art Library/ (c)VG Bild-Kunst, Bonn 2005
54.2:	Look GmbH (Kreuzer, Martin), München
56.2:	Doris Leuschner, Fotodesign, Hannover
62.1:	Oliviero Toscani, Casale Marittimo (Pisa)
62.2:	Peter Butschkow
69:	Marie Marcks, Heidelberg
71:	CCC/www.c5.net (Erich Rauschenbach), Pfaffenhofen a. d. Ilm